W0463517

Kassiert Sozialgeld, bekämpft Gesellschaft:
Kickl deportiert sich selbst

Die besten Tagespresse-Meldungen 2024

DiETAGESPRESSE

Kassiert Sozialgeld, bekämpft Gesellschaft: Kickl deportiert sich selbst

Die besten Tagespresse-Meldungen 2024

Residenz Verlag

Hinweis
DiE**TAGESPRESSE** ist ein österreichisches Satiremagazin. Ausnahmslos alle Artikel sind frei erfunden. Im Regelfall werden nur Personen, die in der Öffentlichkeit stehen, beim Namen genannt. Alle anderen Namen sind frei erfunden. Eventuelle Namensgleichheiten mit Privatpersonen sind rein zufällig.

Bibliografische Information der Deutschen Nationalbibliothek
Die Deutsche Nationalbibliothek verzeichnet diese Publikation in der Deutschen Nationalbibliografie; detaillierte bibliografische Daten sind im Internet über http://dnb.dnb.de abrufbar.

www.residenzverlag.at

© 2024 Residenz Verlag GmbH
Salzburg – Wien

Alle Rechte, insbesondere das des auszugsweisen Abdrucks und das der fotomechanischen Wiedergabe, vorbehalten.

Umschlaggestaltung und grafische Gestaltung / Satz:
Joe P. Wannerer – BoutiqueBrutal.com
Umschlagbilder: Vaclav Salek / CTK / picturedesk.com (M); Depositphotos.com; Alex Noble (C0 / M; Bernd Hofmeister / APA / picturedesk.com
Lektorat: Maria-Christine Leitgeb
Gesamtherstellung: Druckerei Florjančič, Maribor

ISBN 978 3 7017 3626 3

Vorwort

Liebe Leserinnen, liebe Leser!

We have survived 2024!

Ein katastrophales Katastrophenjahr voller Katastrophen liegt hinter uns. Geheimfavorit Österreich gewann bei der Europameisterschaft überraschenderweise doch keine Olympiamedaille. Wegen der Horrorflut musste Johanna Mikl-Leitner samstags für ein Pressefoto in Gummistiefeln durch den braunen Gatsch stampfen, worin sie zum Glück sehr viel Praxiserfahrung hat. Im Nahen Osten wird noch immer diskutiert, wie man die beiden Erzfeinde endlich an den Verhandlungstisch bringt: Rapid und Austria. Die ehrenwerte FPÖ verlor zweimal im Gerichtssaal gegen die linkslinke Schmierfinken der **TAGESPRESSE**.

Und dann verlor unser Land mit Richard Lugner auch noch den letzten Royal, die österreichische Queen. Dass es so nicht weitergehen kann, zeigte im Herbst dann auch das Wahlergebnis: Die Menschen in diesem Land sehnen sich endlich wieder nach fünf guten Jahren.

Natürlich war nicht alles schlecht. Nein, es gab auch Lichtblicke: Investigativ-Reporter Egisto Ott deckte schonungslos die Nähe des österreichischen Sicherheitsapparats zu Russland auf. Rudi Fußi will die SPÖ übernehmen, was die kleine Spaßpartei wieder zu einer staatstragenden Kraft machen könnte. Der ORF hat eine Astrologie-Sendung gestartet – zukünftige Bedrohungen für die innere Sicherheit können also deutlich effektiver als vom DSN antizipiert werden.

Wenn Sie unsere Berichterstattung in diesem Jahr verfolgt haben, dann haben Sie all diese Nachrichten bereits gelesen, bevor sie passiert sind. Und so laden wir Sie ein, einen ungeschminkten Blick zurück auf das Jahr 2024 zu werfen, darauf, wie es wirklich war.

Danke für Ihre Treue,

die Chefredaktion

Sebastian „Sebi“ Huber, Jürgen „Jörg“ Marschal,
Fritz „Friedrich Jergitsch“ Jergitsch

„Bin selbst überrascht“: Wolfgang Fellner nicht auf Epstein-Liste

Foto: Andreas Tischler / picturedesk.com

Ein US-Gericht veröffentlichte eine Liste mit 170 Namen, die im Zusammenhang mit dem Fall Jeffrey Epstein stehen. Völlig unerwartet ist oe24.at-Herausgeber Wolfgang Fellner darauf nicht zu finden. Es ist die größte Überraschung im noch jungen Jahr 2024.

WIEN – Ungläubig studiert Fellner in seinem Büro, auf zwei Praktikanten sitzend, die Epstein-Liste. „Bill Clinton, Prinz Andrew, Stephen Hawking ... W ... W ... W ... Na, nix. Unter F steh ich auch nicht. Was is da los? Vielleicht unter meinem Spitznamen, Joe Beidl? Auch ned.“ Er nippt an seinem Kaffee und stellt ihn wieder auf den verbrühten Hinterkopf eines dritten Praktikanten. Monatelang schien klar: Der oe24-Chef kann auf einen sicheren Epstein-Listenplatz zählen.

„Das kann nicht sein. Hat der Epi auf mich vergessen, dieser Strolch? Waren wir am Ende doch keine Beidl-Buddys, sondern nur Kollegen, Partners in Crime?“, seufzt der enttäuschte Herausgeber und tippt seine heutige, von der Republik Österreich mit Steuern geförderte Kolumne mit dem Titel *Mmmm ... I like em young* demotiviert fertig.

Fellner geht die Liste weiter durch. „Der Fritzl Pepi fehlt ja auch“, stellt er verwundert fest. „Den hab ich seinerzeit aber öfter bei der Adrenochrom-Dialyse auf Epstein Island getroffen. Der wird sich ärgern.“

Endlich findet er einen Landsmann: „Was? Der Schärdinand? Bist du deppat, des is a Gschicht.“ Fellner schreit durch drei Betonwände in die Redaktion hinein und beauftragt eine Praktikantin mit dem Schreiben eines Artikels mit der Headline *Creepy Cheesy: Schärdinand schafft es auf Lust-Liste – WIR sind Epstein.*

Scharfe Kritik

Dass sich kein heimischer Medienmacher auf der US-Liste befindet, sorgt in der Politik für Unmut: „Mächtige Medienbosse, die ihre Macht nicht missbrauchen – schade, dass sich Fellner der linkslinken Woko-Haram beugt“, zeigt sich FPÖ-Chef Herbert Kickl enttäuscht. Er will oe24.at canceln und bis auf Weiteres keine Interviews mehr auf Fellner live geben.

Auch namhafte Werbepartner wie „Cocky's Coole Cockrings“ und „Rhino Aphrodisierendes Nashornpulver (lebensgefährlich)™“ stellen alle Kampagnen ruhend.

In der eigenen Redaktion gibt es starken Gegenwind. Man fühlt sich getäuscht, hintergangen, betrogen. Die Enthüllungen könnten jetzt dienstrechtliche Konsequenzen für Fellner haben, der oe24-Triebsrat entzieht ihm das Vertrauen.

Weitere Enthüllungen

Während die Epstein-Files in Österreich kaum Auswirkung haben, zittert man unterdessen hierzulande vor den Fellner-Files, wie eine anonyme Journalistin erklärt. „Wenn jemals rauskommt, was der zu Mitternacht auf den privaten WoFe-Islands vor der Donauinsel gemacht hat ...“ Gerüchten zu Folge nimmt der Fellner-Clan immer wieder Politikerinnen ins Visier und zerstört mit absurden Fotomontagen und Gerüchten ihr politisches Leben.

Fellner selbst schweigt dazu. Die Kränkung der Epstein-Liste scheint ihn aufzuwühlen. „Wozu mach ich das alles? Diese privaten Einschulungen bei mir im Hotelzimmer um Mitternacht? Alles umsonst?“, fragt Fellner, beißt traurig in eine Schnitzelsemmel und tupft sich den Mund mit einem Praktikanten ab. Sein Lebenswerk – es liegt in Trümmern.

Schrecklicher Verdacht: Sind Frauen faul?

Foto: Montage Die Tagespresse

Am heutigen „Fat Cat Day" ehrt die Arbeiterkammer all jene CEOs österreichischer Konzerne, die am meisten verdienen, weil sie am härtesten arbeiten. Doch die Liste sorgt für Kritik, denn auf ihr finden sich ausschließlich Männer. Nun müssen sich Frauen in ganz Österreich kritische Fragen stellen lassen: Wie steht es um ihre Arbeitsmoral?

WIEN – Niemand hat heuer härter gearbeitet als Anas Abuzaakouk, Chef der kleinen, einfachen Arbeiterbank BAWAG: Er verdient 9,5 Millionen Euro, weil er auch 241-mal härter arbeitet als der durchschnittliche österreichische Angestellte (39.060 EUR).

Im Schnitt arbeiten Frauen in Österreich 18,8 Prozent weniger hart als Männer und verdienen deswegen auch zurecht um 18,8 Prozent weniger Geld. Dieser sogenannte Gender-Laziness-Gap lässt sich etwa dadurch erklären, dass sich Frauen bei der Arbeit öfter in der Teeküche vertratschen, am Firmenparkplatz wertvolle Minuten beim Einparken vertrödeln oder Menstruationsbeschwerden vortäuschen.

Besonders hilfreich beim hart Arbeiten ist laut Statistik offenbar neben einem Penis (Durchschnittslänge elf Zentimeter) auch ein fortgeschrittenes Alter, starker Haarverlust, um noch dynamischer und ohne Luftwiderstand arbeiten zu können, sowie ein handelsüblicher Dorfdeppenname wie Heimo oder Peppi, mit dem man keine Freunde findet, alleine bleibt und sich auf den Job konzentrieren kann.

Fattest Cat

BAWAG-Chef Anas Abuzaakouk kann zufrieden sein: In nur 1,2 Arbeitstagen verdiente er ein Jahreseinkommen eines durchschnittlichen Angestellten und war damit schneller als alle anderen ATX-Vorstandsvorsitzenden. Die Faulheit der Frauen irritiert ihn: „Fragen Sie einmal meine Frau, wie viel sie in 1,2 Tagen verdient. Da reagiert sie immer gleich gereizt", erzählt er besorgt.

Die Kritik an seinem Gehalt findet Abuzaakouk absurd: „Wir sind eine einfache Arbeiterbank, früher haben wir der Gewerkschaft gehört. Unser Bankhaus dient allen Bevölkerungsgruppen, jeder Euro mehr für mich ist ein weiterer Sieg der Arbeiterbewegung."

Enttäuschend dagegen ist die Leistung von Raiffeisen-Boss Johann Strobl. Er war unter den Top 10 heuer der Faulste von allen und muss mit nur 2,5 (!) Millionen ein Auskommen finden. Damit liegt er knapp vor der ersten Frau (Sumsi). Tabellenführer Abuzaakouk will mit dem Low Performer Strobl nichts mehr zu tun haben: „Ich hab ihm heute die Boxershort über den Kopf gezogen und ihm seine hässliche Hartlauer-Brille und seinen russischen Reisepass im Klo runtergespült."

Falsches Mindset

Für den OMV-Chef und sechstfleißigsten Österreicher Alfred Stern gibt es hingegen eine einfache Erklärung: „Die feinen Damen haben einfach nicht diese Anpackermentalität, sehen Sie, so macht man das", erklärt der Ölboss, packt sein iPhone und überweist Putin die täglich fälligen 100 Millionen mit dem Verwendungszweck „Bitte nicht gleich alles in der Ukraine verschießen, hdl bussi :)". Stern seufzt: „Eine Frau hätte das jetzt alles an Zalando überwiesen. Traurig."

Ein Glück, dass es in diesem Land noch Willen zur Leistung gibt.

Landwirtschaftsminister Totschnig präsentiert: Meine zehn liebsten Bauernregeln

Foto: Florian Schrötter/BKA, Onsemeliot/Wikipedia (M)

Ist das furchtbar! Der Verfassungsgerichtshof hebt die Übergangsfrist für das Ende von Vollspaltenböden auf. Unsere Traditionen, unsere Identität, unser Schnitzel ist in Gefahr. Als Landwirtschaftsminister ist es meine Aufgabe, erstmals seit Amtsantritt den Mund zu öffnen und eine Lanze für Tierquälerei zu brechen. Das Vollspaltenbödenhaltung eigentlich positiv ist, das beweisen meine zehn liebsten Bauernregeln:

SCHWIMMT DAS SCHWEIN
IN SEINEM KOT,
GIBTS FÜRS VOLK VIEL
FLEISCH UND BROT

ANTIBIOTIKA IM BLUT
MACHT DAS SCHNITZEL
DOCH ERST GUT

RINNT DIE JAUCHE
IN DEN KELLER,
KOMMT WEITER SCHNITZEL
AUF DEN TELLER

WENN IM STALL
DIE SCHEIßE STEHT,
DER AMA-PRÜFER DEN
DAUMEN HEBT

LIEBER FERKEL
OHNE ZIPFEL,
ALS AUS SOJASCHROT
EIN SCHNITZEL

SETZT SICH DURCH
DAS ROTE GSINDL,
GIBT'S KEIN SCHNITZEL
MEHR FÜRS KINDL

SIEHST DU AM
PACKERL "BIO" PICKEN,
HAT DIE SAU NICHT
GENUG GELITTEN

KANN SICH DIE SAU IM
EIGENEN KOT SUHLEN,
HÄLT ES FERN DIE
RADFAHRER UND SCHWULEN

RINNT DURCH DEN SPALT
DER SCHWEINESCHEIß,
DANN DRÜCKT DAS AUCH
DEN KILOPREIS

FPÖ vs. DIE TAGESPRESSE: Bericht vom zweiten Prozesstag

Foto: Wikimedia / ACBahn/ HELMUT FOHRINGER / APA / picturedesk.com (M)

Der heutige zweite Prozesstag am Wiener Handelsgericht rund um die Fake-Briefe brachte eine dramatische Wende. Wir haben heute einsehen müssen: Auch Satire kann im echten Leben zu schweren, seelischen Verletzungen führen. Die Zeugenaussage des FPÖ-Landesgeschäftsführers ändert alles.

10. Jänner 2024. Es ist ein kalter Morgen. Eisig ist heute nicht nur das Wetter, sondern auch die Stimmung im Verhandlungsraum.

Völlig überraschend ist FPÖ-NÖ-Landesgeschäftsführer Andreas Spanring heute persönlich aufgetaucht, nachdem er den ersten Prozesstermin trotz Ladung unentschuldigt spritzte. Heute erfuhren wir den Grund für sein Fernbleiben: Zu groß war offenbar das seelische Trauma, das ihm an jenem verhängnisvollen Dienstag nach Ostern 2023 widerfuhr. Jenem Tag, an dem unsere satirischen Fake-Briefe an die Wirte zugestellt wurden. Er konnte, so vermuten wir, am ersten Prozesstermin einfach noch nicht darüber sprechen.

Doch heute war er erstmals bereit, seinen Peinigern in die Augen zu blicken. Auf eine kontradiktorische Vernehmung via Videoschaltung zum Schutz vor Retraumatisierung verzichtet er.

Mit feuchten Augen beginnt er zu erzählen, was sich an jenem Tag abgespielt hat: Die Telefone in der Parteizentrale liefen heißer als heiß. Sage und schreibe zehn verwirrte Gastwirte haben sich telefonisch in der Parteizentrale gemeldet. Zehn kurze, höfliche Telefongespräche – Psychoterror, der jeden Menschen brechen würde.

Foto: Die Tagespresse

Spanring bei seiner Vernehmung

Traumatisches Erlebnis
Aber das war noch nicht alles. Spanring schluckt, seine Finger verkrampfen sich, sein Blick wird starr. Dann berichtet er dem Richter von einem – Originalzitat – „eher skurrilen, sehr alternativ gekleideten Pärchen", das mit einem Fake-Brief in der Hand persönlich in der Parteizentrale auftauchte, um sich zu beschweren.

Persönlich. Sehr alternativ gekleidet. In der Parteizentrale der FPÖ. Wurde die Partei der Opfer wieder einmal zum Opfer?

In diesem Moment bricht für uns eine Welt zusammen. Wir können uns nicht ausmalen, welche Schmerzen der Kontakt mit einem eher skurrilen, sehr alternativ gekleideten Pärchen im Kopf von Herrn Spanring ausgelöst haben muss. Dem Vernehmen nach plumpste Gottfried in sein Waldhäusl. Udo Landbauer fiel sein Liederbuch in die Eiernockerln mit grünem Salat. Spanring selbst schrammte nur knapp daran vorbei, in eine queere, polyamore WG in Berlin-Neukölln zu ziehen und Psy-Trance-DJ zu werden.

Wenn FPÖ-Funktionäre zu einem Kontakt mit eher skurrilen, sehr alternativ gekleideten Pärchen genötigt werden, ist die Grenze der Satire eindeutig überschritten.

Wiedergutmachung

Daher erfolgt nun ein offizielles Vergleichsangebot:
DIE**TAGESPRESSE** zahlt für Andreas Spanring, Udo Landbauer und Gottfried Waldhäusl eine Gruppentherapie. Dort darf jeder, der gerade den blauen Plüsch-Norbär in der Hand hält, ganz offen und ohne Vorverurteilung durch linkslinke Medien darüber sprechen, welche Gefühle der unerwünschte, linkslinke Besuch ausgelöst hat.

Sollte die Therapie nicht anschlagen, könnte auf den Off-Label-Use des Pferdebetäubungsmittels Ketamin oder des Pferdeentwurmers Ivermectin umgestiegen werden. Versagen auch diese Behandlungen gegen die posttraumatische Belastungsstörung, wäre noch eine Elektroschocktherapie durch Harald Vilimsky möglich.

Buße

Das Beweisverfahren ist nun abgeschlossen, der Richter verfasst in den kommenden Wochen ein schriftliches Urteil. Aber wir tun schon vor unserem unvermeidlichen Schuldspruch Buße: Ein obligatorisches Kornblumen-Arrangement für Andreas Spanring befindet sich nach diesem emotional herausforderndem Prozesstag bereits auf dem Weg in die Parteizentrale.

Bevor man uns aber unterstellt, dass dieses Präsent nur der Erleichterung unseres eigenen Gewissens dient, möchten wir anmerken, dass wir die Blumen im Namen der FPÖ verschickt haben. In seelisch turbulenten Zeiten zählt nämlich vor allem eines: innerer Zusammenhalt.

Die Redaktion wünscht den FPÖ-Opfern eine gute, rasche Besserung und befindet sich zur Stunde im Arrestantenwagen, der uns auf eigenes Verlangen hin in die Justizanstalt Josefstadt bringt, damit wir endlich die Verantwortung für unser schweres Verbrechen übernehmen.

Kassiert Sozialgeld, bekämpft Gesellschaft: Kickl deportiert sich selbst

Foto: Vaclav Salek / CTK / picturedesk.com (M)

Ein Mann, ein Wort! Herbert Kickl forderte gestern in der ZIB 2, allen Staatsbürgern, die nur Sozialgeld kassieren und die Gesellschaft bekämpfen, den Pass wegzunehmen. Der FPÖ-Chef geht nun mit gutem Beispiel voran. Er deportierte sich heute in den frühen Morgenstunden selbst nach Nordafrika.

PURKERSDORF – Mitten in der Nacht vor Kickls Wohnsitz. Mit erhobenen Händen tritt der FPÖ-Chef aus seinem Elk-Haus, Modell „Führerhauptquartier Wolfsschanze Basic Plus“. Über ihm kreist ohrenbetäubend laut ein Polizeihubschrauber. Es ist so weit: Die Remigration nach Nordafrika steht an. „Wenn Sie so freundlich sind und die Handschellen schön festziehen, ja … sehr gut, gern noch fester. Perfekt. Danke“, bittet Kickl den Polizisten.

Der FPÖ-Chef will in diesem Wahljahr beweisen, dass hinter seinen Ankündigungen mehr steckt als nur heiße Luft. Da er seit Jahrzehnten ausschließlich von fürstlichen Zuwendungen der öffentlichen Hand lebt, während er gegen die österreichische Gesellschaft kämpft und sie spaltet, macht er nun Nägel mit Köpfen und remigriert selbst aus dem Land.

Strenge Auflagen

Überwacht wird die Abschiebung von der Greenpeace-ähnlichen NGO „Identitäre Bewegung", die sicherstellt, dass die Abschiebung jeden einzelnen Artikel der Genfer Menschenrechtskonvention auf Punkt und Beistrich bricht.

Vermummte Polizist:innen bugsieren den selbsternannten Volkskanzler, der noch nie einem echten Job nachging, über den Schotterweg. Polizeihunde fletschen die Zähne und springen Kickl an, doch der bleibt entspannt: „Einfach nicht in die Augen schauen. Die können riechen, wenn man Angst hat ... Das kenn ich vom Vilimsky."

Kickl wird in den Polizeibus gehievt, wo bereits der halbe FPÖ-Bundesparteivorstand sitzt. „Die andere Hälfte ist untergetaucht oder mit Schleppern nach Deutschland weitergereist, um dort kriminelle Parallelgesellschaften zu bilden. Aber irgendwann kriegen wir sie alle", erklärt ein Polizist.

Abflug

Kickl blickt noch einmal zurück, dann steigt er in den Abschiebeflieger, eine Boeing 737 Max mit praktischen Abschiebeklappen. „Leb wohl, geliebte Heimat, ich war dir zuletzt nur eine Last", gesteht er sich ein und verdrückt eine letzte Träne auf österreichischem Boden. Zwei Beamte heben Kickl in einen der Kindersitze der Maschine und schnallen ihn fest. Mit perfektem, akzentfreiem Deutsch fragt ihn sein siebenjähriger Sitznachbar: „Und warum schieben's dich ab? Bist du auch aus Georgien?"

Alte Tradition

Massen-Remigrationen haben in Österreich eine lange Tradition, gerieten jedoch in den vergangenen Jahrzehnten in Vergessenheit – zu Unrecht: „Die manipulierten Mainstream-Medien haben diesen beglückenden Brauch ins rechte Eck gestellt und ihm den Nazi-Stempel aufgedrückt", murmelt Kickl.

Die Maschine setzt in Nordafrika etwas unsanft auf. Kickl beginnt frenetisch zu jubeln. „So wird's gemacht, Burschen!" Ein Beamter steckt dem FPÖ-Chef einen Socken in den Mund, bevor er ihn aus der Maschine begleitet.

Kickl wird der libyschen Küstenwache übergeben. Er sieht sich um. „Schön da, in Afrika. Ein bisschen zu viele Afrikaner für meinen Geschmack." Er soll nach kurzem Aufenthalt in einem Gefangenenlager nach Marokko in die Leibeigenschaft eines Menschenzoos überstellt werden.

LEBEN 18. Januar 2024

Kein echtes Internet: Amish erlauben Drei-Internet

Foto: depoistphotos.com (M)

Bis jetzt lebten die Amish ohne moderne Technologie! Seit heute ist alles anders: Erstmals erlaubt die täuferisch-protestantische Glaubensgemeinschaft Drei-Internet. Dank des katastrophalen Empfangs gilt es nicht als echtes Internet – eine Revolution!

OHIO – „Eigentlich ist Internet bei uns verboten", erklärt der Amish und Hufschmied Isaiah (47) und poliert seine Stiefel. „Aber unsere Gemeinschaft hat jetzt diesen Drei-ZTE-Router erlaubt, weil, was das Internet angeht, sind die dort in Österreich sogar noch weiter hinten nach als wir." Belustigt inspiziert er den kleinen weißen Kasten. „Notfalls nehm ich ihn als Amboss zum Hufeisen Schmieden."

Next Generation Technik

Seine Frau Abigail (42) nickt und verbindet einen Monitor mit dem WLAN, um nach Bauernmärkten in der Nähe zu googlen. Sie starrt auf eine weiße Seite, während sie Brot bäckt. Als das Brot aus dem Ofen kommt, ist die Seite immer noch weiß. „Ich selbst werde das nicht mehr erleben, aber vielleicht du, meine kleine Rachel." Sie streichelt ihrer fünfjährigen Tochter über den Kopf. „Oder deine Kinder oder vielleicht dann deren Kinder."

Isaiah hat den Router nach einem mehrtägigen Gespräch mit der Drei-Servicehotline erfolgreich installiert und führt einen Speedtest durch. „2,3 Mbit/s Download, obwohl im Vertrag 120 versprochen werden. Genial, damit wird Streaming unmöglich. Das nenn ich echten Amish-Spirit. Wow, 0,2 Mbit/s Upload! Das ist ja großartig! Damit sind Zoom-Konferenzen für uns völlig ausgeschlossen. Danke, Drei!" Isaiah gibt dem Router, der ihn und seine Familie effektiv aus dem gottlosen Internet fernhält, einen Kuss.

Andere Anbieter bedingt erlaubt

Einmal im Jahr kommt es zum sogenannten „Rumspringa". Die alte Amish-Tradition sieht vor, dass junge Amish im Alter zwischen 16 und 21 ihre Gemeinde verlassen dürfen, um die Vorzüge des modernen Lebens zu genießen. In dieser Zeit dürfen sich die jungen Amish mit anderen Anbietern austoben. „Endlich auf Steam zocken, Online-Wetten und Pornos schauen", freut sich Sohn Adam (15). „Mit Drei kannst das alles vergessen."

Das Glasfaser-Internet kann jedoch schwere Psychosen auslösen. Isaiah erinnert sich an seinen Bruder Micah, den er an das Internet verloren hat. „Er hat nicht mehr aufhören können, YouTube-Videos in HD zu schauen, teilweise war er bis zu 30 Minuten am Tag online. Das ist einfach nur krank. Mit Drei hätte das Video nicht geladen und Micah hätte vor Wut sein MacBook mit einem Tretroller zertrümmert. Dann wäre er heute noch normal und würde einfach den ganzen Tag auf den Fischteich hinausschauen und ans Neue Testament denken – bis er stirbt."

Drei nimmt Stellung

Schauplatzwechsel. Brünnerstraße, Wien Floridsdorf. In der Drei-Zentrale fährt der CEO Friedelbert Schusterschneider mit seiner

Kutsche vor, nimmt den Zylinder ab und richtet sich sein Monokel, bevor er die Holzhütte mit dem Drei-Logo betritt und die Hühner im Foyer mit Maiskörnern füttert, die er aus seiner Hosentasche nimmt.

Den Vorwurf, seine Firma würde „technisch nicht den modernen Standards entsprechen und trotzdem Länge mal Breite abkassieren" (Zitat AGB drei.at), weist der gelernte Kesselflicker Schusterschneider zurück. „Mich dünkt, hier verleumde man uns gar wohlgemut Kompanie." Er zeigt uns das neue Glasfasernetz: Mehrere Drei-Techniker schütten einen Altglascontainer in eine Künette. „Interesse? Kostet nur 200 Gulden pro Monat!"

Friedelbert Schusterschneider legt uns eine Verschwiegenheitserklärung vor, die wir unterschreiben müssen. Dann zieht er lächelnd einen Zettel weg, der das Kleingedruckte verdeckt hat. Wir haben uns gegen unseren Willen für den Drei-Tarif „Amish 200" mit einem Download-Speed von maximal 0,5 Mbit/s und einer Bindung von 240 Monaten entschieden.

POLITIK 19. Januar 2024

SPÖ gegen Bierpartei: Scherzkandidat Babler könnte Wlazny Stimmen wegnehmen

Foto: Wikimedia / Team Basis / Bierpartei - Philipp Hirtenlehner (M)

Die SPÖ (Spaß Partei Österreich) tritt bei der Nationalratswahl an! Eine Schockmeldung für Dominik Wlazny. Der Scherzkandidat Andreas Babler könnte die Bierpartei wichtige Stimmen im Kampf gegen die FPÖ kosten. Macht Babler damit Kickl zum Kanzler?

WIEN – Keine Inhalte, kein fähiges Personal, kein Durchsetzungsvermögen: Seit gestern wird die chaotische Punk-Partei SPÖ von den etablierten Parteien hart kritisiert. Ihr Antreten sei eine Verhöhnung der Demokratie. Kritik, die am fest entschlossenen Parteichef abperlt.

„Hallihallo, ich bin's, euer Andi", lächelt der Politpunk und Mediziner (12 Semester Gösser Bierklinik) Andreas Babler und stolpert über eine Bananenschale und einen Genossen, der ihm in den Rücken fällt, auf die Bühne. Das mit Bierdosen bezahlte SPÖ-Publikum jubelt und lacht.

Selbstironische SPÖ

Babler (Künstlername Marco Prolo) ist ein hemdsärmeliger DIY-Politiker mit sympathisch-anarchistischem Charme. Aber kann der kauzige Rebell auch Bundespolitik? „Wir brauchen in Simmering einen Lenin-Bierbrunnen", schreit Babler und stellt damit den bisher einzigen SPÖ-Inhalt vor. Er muss selbst über den Zustand seiner Partei lachen. Feine Selbstironie, die ihm viele Stimmen der jungen, urbanen Wähler:innen sichern könnte.

Babler genießt seine Rolle als Kabarettist – so kennt und liebt man ihn. Er ist in der SPÖ damals selbst erst groß geworden durch seinen grotesken Faschings-Sketch „Die Excel-Abstimmung". Heute brilliert er mit viel Sinn für Humor und parodiert seine eigene Partei bei jeder Gelegenheit. Vor rund drei Jahren machte er sich schon in einem skurrilen Webvideo über die naive Außenpolitik seiner Partei lustig und mimte den weltfremden Kommunisten. Fast ganz Österreich hat den viralen Clip bereits gesehen.

Bierpartei alarmiert

Die Wahlkampfstrategen der Bierpartei reagieren gereizt, wenn sie auf das Antreten der SPÖ angesprochen werden. Der honorierte Geschäftsmann und Politiker Hofrat Univ. Prof. Dr. Dominik Wlazny seufzt: „Den Wahlkampf einer Spaßpartei wird unsere Demokratie aushalten. Das macht Kickl nicht automatisch zum Kanzler. Immerhin habe ich auf Bundesebene schon zwei Wahlkämpfe hinter mir. Babler ist ein Nobody“, erklärt der Politprofi Wlazny. „Aber wenn die SPÖ wirklich die Vier-Prozent-Hürde schafft, dann dauert es nicht mehr lang, bis diese Clowns irgendwann im Parlament sitzen und Vergewaltigungswitze auf Steuerzahlerkosten machen.“

Rape-Jokes von roten Abgeordneten? Es sind an den Haaren herbeigezogene, unglaubwürdige Szenarien wie diese, mit denen Wlazny verzweifelt versucht, seinen politischen Gegner zu diffamieren. Politexperte Niklas Schelling gibt der SPÖ nämlich durchaus Chancen auf den Einzug ins Parlament. „Bei der Bundespräsidentenwahl 2022 hat sich die rote Spaßpartei noch nicht getraut, einen eigenen Kandidaten ins Rennen zu schicken. Da hatte Wlazny noch leichtes Spiel.“ Doch die SPÖ sei in letzter Zeit durch absurde Spaßaktionen in Schrebergärten oder Fake-Comedy-Anrufe mit Vitali Klitschko aufgefallen und habe so an Profil gewonnen.

Wegen Genderverbot: Wähler verzeihen ÖVP Rekordinflation, Korruption, Klimakrise, soziale Kälte, explodierende Energiepreise, Reformstillstand, Lehrermangel, Pflegenotstand, kaputtgespartes Heer, zu wenige Kindergärten, COFAG, Chats, Hure der Reichen zu sein, Kurz, Benko, Schmid, Sobotka und Andreas Hanger

Foto: Dragan Tatic / BKA

Bundeskanzler Karl Nehammer packt endlich die wichtigen Themen an und sagt dem Gendersternchen, Doppelpunkt und Binnen-I den Kampf an. Ein Genderverbot soll alle Probleme der Menschen lösen. Das ganze Land atmet auf, jubelt und verzeiht der ÖVP längst vergangene Kleinigkeiten wie Rekordinflation, Korruption, Klimakrise, soziale Kälte, explodierende Energiepreise, Reformstillstand, Lehrermangel, Pflegenotstand, kaputtgespartes Heer, zu wenige Kindergärten, COFAG, Chats, Hure der Reichen zu sein, Kurz, Benko, Schmid, Sobotka und Andreas Hanger.

WIEN – Dynamisch steigt Nehammer aus seinem verbeulten Dienstwagen, bringt einen Cobra-Beamten in die stabile Seitenlage und begrüßt seinen Vizekanzler: „Seas, Werner." Nehammer bricht Kogler gut gelaunt vier Finger und kugelt ihm die Schulter aus. So energiegeladen hat man den Kanzler lange nicht gesehen.

„Ich hab's", verrät Nehammer breit grinsend. „Damit hängen alle Probleme unserer Gegenwart zusammen: Gendern. Wir verbieten das jetzt, und zack sind wir wieder auf Platz eins." Berater Gerald Fleischmann lächelt stolz und applaudiert dem Chef. Es handelt sich um handwerklich erstklassigen SNU wie aus dem Lehrbuch.

Stolz liest der Kanzler das heutige *Krone*-Cover: „Nehammer für Genderverbot: So intelligent, genial und männlich ist unser George Clooney von Österreich." Seine Berater jubeln. „Let's fuck", schreit Nehammer und klopft sich auf die Brust.

Laut Insidern ist das nur der Anfang einer Reihe von wichtigen Reformen. Am Freitag wird Nehammer das Schweineschnitzel in Verfassungsrang heben, am Montag folgt die Seligsprechung von Norbert Totschnig, Schutzpatron der Vollspaltenböden, kommenden Mittwoch steht die Wiedereinführung der Todesstrafe für Klimakleber an.

Alle Probleme gelöst

Wie kommt die Idee des Kanzlers bei der Bevölkerung an? Familie Schett aus Wiener Neustadt ist glücklich, dass ihre Probleme endlich gelöst sind. „Wenn wir uns noch Sekt leisten könnten, würden wir jetzt die Korken knallen lassen", jubelt Vater Klaus, der mit Haube und Daunenjacke im Wohnzimmer sitzt.

„Ja, vielleicht können wir uns nicht mehr den wöchentlichen Einkauf leisten, oder die Heizkosten." Mutter Petra lächelt tapfer. „Aber dafür wird Nehammer allen Behörden verbieten, mich als ‚Bürger*in' anzuschreiben. Wenn ich nur daran denk, vergeht mir schon der Hunger, und mir wird ganz warm vor Wut." Das Kalkül des Kanzlers geht auf, wie schon so oft.

Feminist:innen optimistisch

Sogar Feminist:innen reagieren auf Nehammers Ankündigung hoffnungsvoll: „Als er die Inflation bekämpfen wollte, ist sie auf elf Prozent angestiegen", erinnert sich Powi-Studentin Klara (21). „Wenn

Nehammer beim Genderverbot genauso erfolgreich ist, gendert in zwei Jahren sogar mein rechtsextremer Onkel Ferdi aus Eferding. Vielleicht kann ihm jemand sagen, dass die Klimakrise ein Plan von uns Hexen ist, dann löst er die auch in ein paar Tagen."

Ein langer Tag neigt sich dem Ende zu. Nehammer schaut zufrieden in den Nachthimmel. Da erblickt er einen Stern. „Gendersternchen auf 12 Uhr! Zugriff!", bellt der Kanzler. Seine Cobra-Leibwächter exen ihre Leibwächter, ziehen ihre Glocks und eröffnen das Feuer auf den Nachthimmel.

LEBEN 26. Januar 2024

Möchte nicht nach Amstetten zurück: Fritzl bleibt freiwillig im Gefängnis

Foto: Wikimedia / GT1976 (M)

Die Freiheit für Josef Fritzl rückt näher. Mit der Verlegung vom Maßnahmen in den Normalvollzug wird sie zumindest juristisch möglich. Doch die Aussicht, bald wieder in Amstetten leben zu müssen, lässt den kauzigen Inzest-Opa umdenken. Er will seinen Lebensabend doch lieber auf sieben Quadratmetern hinter Gittern verbringen.

KREMS/AMSTETTEN – Ängstlich lugt Josef Fritzl durch die Gitterstäbe der Justizanstalt Stein hinaus in die idyllischen Weinberge der Wachau. Jetzt, wo er vom Maßnahmenvollzug in die normale Haft verlegt wurde, liegt eine bedingte Freilassung im Bereich des Möglichen. Für den Noch-Häftling eine Horrorvorstellung – denn in Freiheit wartet das eigentliche Gefängnis: Amstetten.

„Er will auf keinen Fall zurück in diese Hölle auf Erden", sagt Fritzls Anwältin Astrid Wagner. „Amstetten hat ihn damals erst zu dem gemacht, der er ist. Amstetten, das ist Isolationshaft für dein Gehirn, das ist das Guantanamo der Lebensfreude, das Alcatraz der Seele."

Gutachterin überrascht

Fritzls Umdenken kommt auch für die Gutachterin überraschend: „Lange wollte er ja um jeden Preis zurück", erklärt sie kopfschüttelnd. „Nach Amstetten! Das sind seelische Abgründe, die man nur schwer rational nachvollziehen kann. So kann nur ein Monster denken. So einen Menschen kann man unter keinen Umständen aus einer Anstalt für geistig abnorme Rechtsbrecher in ein Gefängnis verlegen. Das wäre Wahnsinn."

Erst, seit der Inhaftierte sich gegen eine Rückkehr nach Amstetten entschieden hat, gilt er wieder als gesund und kann so in den Normalvollzug übersiedeln.

Ernüchterung

In Amstetten zeigt man sich enttäuscht. „Der Fritzl Peppi ist unser einziger Promi", erklärt ein ÖVP-Gemeinderat ernüchtert. „Ohne ihn hätten wir nicht mal einen Wikipedia-Eintrag. Letztes Jahr hatten wir immerhin zwölf Touristen, elf davon wegen dem Fritzl-Haus und nur einen wegen unserer zweiten Hauptattraktion, der ältesten Lidl-Filiale im ganzen Mostviertel. Hier hat sich 2012 die Nichte von DJ Ötzi eine Topfengolatsche gekauft. Da drüben hat sie sie dann gegessen", sagt er und zeigt auf eine Statue.

Der örtliche Tourismusverband sagt nun die Eröffnung des um 13 Millionen Euro errichteten Josef-Fritzl-Museums ab, das bereits im Vorfeld als „atemberaubender Inzest-Louvre" (Parnass-Kunstmagazin) weltweit für Furore gesorgt hat. Auch die Pläne für das lustige „Fritzl-Kindererlebnisparadies", die „Inzest-Festspiele Amstetten" und das Gasthaus „Der Schnitzl-Fritzl" werden ad acta gelegt.

Die Städtepartnerschaft mit Strasshof an der Nordbahn bleibt aber bestehen.

Weil Besuchermagnet Fritzl nicht zurückkommen will, wird überlegt, Adolf Hitlers Aberkennung der Ehrenbürgerschaft im Jahr 2011 wieder rückgängig zu machen. „Dann kommen wenigstens Nazi-Touristen, immer noch besser als gar keine“, erklärt der Gemeinderat. Obwohl Fritzl die Stadt nun verschmäht, bleibt er weiterhin Ehrenbürger.

Geschenk

Fritzl wird seit Wochen von Alpträumen heimgesucht, in denen er durch Amstetten flaniert. Immer wieder wacht er schreiend auf. Um die schrecklichen Bilder zu verdrängen und wieder zur Ruhe zu kommen, hat ihm Anwältin Wagner ein Geschenk in die Zelle mitgebracht: ein 130 mal 90 Zentimeter großes Poster der Stadt Wels.

WELT 29. Januar 2024

Aus Geschichte gelernt: Deutschland schließt Grenze für jungen Rechtsextremen aus Österreich

Foto: Georg Hochmuth / APA / picturedesk.com

Der Rechtsextremist Martin Sellner wurde in Deutschland zur Fahndung ausgeschrieben. Er muss bei einer erneuten Einreise nach Deutschland mit seiner sofortigen Abschiebung rechnen. Das Land hat offenbar aus den Fehlern der Vergangenheit gelernt: Noch einmal lässt man sich nicht von einem jungen Rechtsextremen aus Österreich hinters Licht führen.

WIEN – Es ist das Jahr 1913. Der junge, gescheiterte Postkartenmaler Adolf Hitler wandert von Österreich nach Deutschland aus, um dort sein Glück zu versuchen. Er lässt sich in München nieder. Von dort beginnt sein aufhaltbarer Aufstieg zum Führer des Deutschen Reichs – mit katastrophalen Folgen für die ganze Welt.

„Ups, sorry, haha. Dumm gelaufen ist auch blöd gegangen, sagen wir in Westfalen dazu", lächelt Bundeskanzler Olaf Scholz und schließt das Geschichtsbuch. „Aber Fehler sind keine Schande. Wichtig ist, aus ihnen zu lernen. Nochmal passiert uns sowas nicht, versprochen, wir haben den Laden hier im Griff." Schnell lässt Scholz die Umfrageergebnisse der AfD in seiner Schreibtischlade zwischen geheimen Wirecard-, G20- und Cum-Ex-Akten verschwinden.

Schwierige Lage

Das Einreiseverbot trifft Sellner hart. Sein Leben liegt in Trümmern. An der Akademie für bildende Künste wurde der gelernte Arztsohn gerade erneut abgewiesen, Geld durch ehrliche Arbeit hat der Sozialschmarotzer sowieso noch nie verdient. Er ist mit seinem Hobbyprojekt „Identitäre Bewegung" auf Spenden von Terroristen angewiesen.

Aus dem Neustart in Deutschland wird nun wohl auch nichts. „Leider zahlt der Christchurch-Täter grad nimmer", seufzt Sellner. „Und ich warte auch noch auf die Überweisung vom Breivik. Schade, dass mein großes Vorbild, der Franz Fuchs, schon von uns gegangen ist, wir könnten bei den Identitären jetzt wirklich noch zwei tüchtige Hände zum Anpacken gebrauchen."

Recht gegen Rechts

Die Bundesrepublik will es den Briten gleich machen. Der bayerische Ministerpräsident Markus Söder (CSU) nippt an seiner dritten Guten-Morgen-Maß und poltert: „Wenn wir diesen jungen Terrorflüchtling aus dem Schurkenstaat Österreich an der Grenze erwischen, schieben wir ihn sofort ab, gleich nach Ruanda."

Eine Arbeitserlaubnis für Sellner käme ohnehin nicht in Frage: „So einen kannst du nicht in der Gastro arbeiten lassen, der pisst sich doch ständig an, wenn er nervös ist. Und danach dreht er drei Stunden lang ein Video, in dem er sich als größtes Opfer der Menschheitsgeschichte inszeniert." Söder zürnt: „Der soll einmal was arbeiten, der Typ braucht einen Great Reset in seinem Hirnkastl drinnen."

Widerstand bei der Verhaftung erwartet die deutsche Polizei nicht. „Die Akten zeigen, Herr Sellner hat Angst, wenn er auf Personen trifft, die größer als einen Meter sind, sein Aktivismus beschränkt sich meist auf hinterhältige Angriffe auf Kinder", erklärt Polizist Dominik Bartmann aus Passau. „Er ist das, was wir im polizeilichen Fachterminus eine feige Weißwurscht nennen."

Jobaussichten

Sollte Sellner wirklich in Österreich bleiben müssen, will er sich beruflich neu aufstellen. „Ich hab da auf Telegram eine Stellenausschreibung gelesen", erklärt er. „Ab Herbst sucht die Regierung einen Staatssekretär für Fahndungslisten, da werd ich mich bewerben."

ÖVP-Kanzler Karl Nehammer bleibt diplomatisch. „Ich hab nur gesagt, wir werden nicht mit Kickl zusammenarbeiten – also bis zur Wahl halt. Von einem Herrn Sellner war keine Rede. Warum sollten wir den nicht im Parlament dulden? Wir dulden ihn ja auch neben und sogar auf dem Parlament."

Mutig: Zuckerkracherl-Hure beschimpft andere als Pharma-Hure

Felix Baumgartner
6 Std. ·

Da musst du schon ein fester Trottel sein, wenn du fünf Mal (!) geimpft bist, immer wieder Corona kriegst und dann noch die Impfung verteidigst.
Bravo Florian Klenk 😂👊👏
FELIX
#corona #impfung #impfpflicht #florianklenk #pharmaHure #falter

Foto: Screenshot Facebook

13 Jahre nach seinem Stratosphärensprung erregt Felix Baumgartner mit dem nächsten mutigen Stunt Aufsehen: Er bezeichnet andere Menschen als „Pharma-Huren", obwohl er seinen eigenen Körper an ein in Dosen abgefülltes Zuckerkracherl aus Thailand verkauft hat. Fans bejubeln den Stunt, der eine völlige Ausschaltung des eigenen Überlebenstriebs erfordert.

THURGAU, SCHWEIZ – Zum 24. Mal in einer Stunde läutet Baumgartners Seniorenhandy mit extragroßer Schrift. „Tschuldigung, es ist gerade die Hölle los bei mir", lacht der „feste Trottel", wie er von seinen Eltern liebevoll genannt wird, seitdem in der Stratosphäre der Sauerstoff in seinem Gehirn zu knapp geworden ist. „Die Hälfte der Gehirnzellen sind weg. Jetzt muss ich auf die letzten beiden aufpassen wie ein Haftlmacher", erklärt er.

Fotografen und Kameraleute richten ihre Linsen auf den österreichischen Steuerflüchtling, während er zu seinem Stunt ansetzt: „Man darf da gar nicht nachdenken, was alles passieren kann. Einfach den Kopf ausschalten und machen, so, wie ich es bereits seit 54 Jahren mache", lacht der 54-jährige Baumgartner. Er richtet sich seine Lesebrille, verfasst ein Facebook-Posting und klickt auf „Posten“.

„Alles Pharma-Schlampen“

Heute attackiert Baumgartner nicht Falter-Chefredakteur Florian Klenk, sondern geht in einem Facebook-Posting auf ein neues Ziel los: das St. Anna Kinderspital. „Ich hab auf Exxpress.at gelesen, dass die dort Spritzen verwenden. Das muss man sich einmal vorstellen, da werden die Kinder mit künstlichen Pharma-Substanzen vollgepumpt von einem Herrn Soros und einem Herrn Gates. Das ist Wahnsinn.“

Noch ein letzter Hashtag namens *#allekinderaerztesindpharmahurensoehne*, dann ist Baumgartner fertig. Kopfschüttelnd ext er seine neunte Dose Red Bull – seine Hand beginnt zu zittern und in seinem rechten Auge entsteht ein Blutgerinnsel. „Keine Sorge, das ist ganz normal, das ist pure Natur, weil es ist in Salzburg abgefüllt“, gibt er Entwarnung.

Mann vom Fach

Mit Prostitution kennt sich Baumgartner bestens aus. Er sei vom Fach, erklärt er: „Ich darf jemanden als Hure bezeichnen, immerhin bin ich ja selbst eine.“ Der Salzburger Stratos-Stricher spielt auf seine dunkle Vergangenheit an. Für Geld hat er immer schon alles gemacht: Als ein notgeiler Milliardär mit einem bizarren Fetisch Baumgartner ein paar Euro zusteckte, zog sich dieser sofort für sein Astronauten-Rollenspiel einen Helm an und sprang aus dem Weltall.

„Der Typ hat sogar mitgefilmt und das live übertragen, einfach krank, es war die komplette Erniedrigung. Das Video kennt heute jeder … Einmal Hure, immer Hure.“

Hobby zum Beruf gemacht

Baumgartner zeigt uns seine Webseite: *Bullen Escorts – Mache alles, no limits.* Um Geld für seine teuren Hobbys (Red Bull, Red Bull Cola, Red Bull Vanilla, auf Facebook posten nach 20 Wodka Bull) herbeizuschaffen, kann er inzwischen auch von Privatpersonen wie dem IT-Techniker Heribert Tutschnig aus Klagenfurt gebucht werden.

„Geht scho! Spring! Spring, los, du kloana Off, du“, lacht Tutschnig und zeigt auf seinen Küchentisch. Felix Baumgartner setzt sich einen Helm auf und klettert hinauf. „Spring, du Dosen-Hure, spring, und sing *La Cucaracha*!“ Tutschnig öffnet die Hose, Baumgartner schließt die Augen. Dann hüpft er kopfüber vom Tisch in ein Katzenklo. Wir verschwinden diskret durch den Hintereingang und lassen einen Mann zurück, der am Zenit seines Lebens angekommen ist.

WELT 1. Februar 2024

Schlechte Ware geliefert: Kurz verklagt russische Webseite *mailorderwitness.ru*

Foto: Die Tagespresse

Zwei russische Zeugen sollten die Glaubwürdigkeit von Sebastian Kurz retten. Doch die Hoffnung ist gestern im Gerichtssaal geplatzt – der Plan ging nach hinten los. Nun zieht der Ex-Kanzler gegen die russische Webseite mailorderwitness.ru vor Gericht. Diese habe laut Kurz mangelhafte Ware geliefert.

WIEN/MOSKAU – „Very believable, very trustworthy, very good“ – das verspricht der Slogan auf der Webseite des russischen Unternehmens *mailorderwitness.ru*. Die beiden russischen Zeugen von

Sebastian Kurz halten auf einem Foto ihre ausgestreckten Daumen in die Kamera und lächeln seriös.

„Sie kennen mich, ich mag alle Menschen gleich gern, deshalb bin ich von mir selbst gerade genauso enttäuscht wie von den beiden Russen", schüttelt Kurz den Kopf und studiert den Prospekt der Firma, den er in seinem Briefkasten gefunden hat.

„Diese Versprechen haben mit der gelieferten Ware leider gar nichts zu tun. Dabei hab ich vor ein paar Wochen so nett mit ihnen über Zoom geplaudert. Und hobts scho Wodka getrunken, da? Da? Und wer vorbereitet euch? Das hab ich sie gefragt, dann haben wir alle herzlich gelacht."

Kurz blickte dem Prozess gelassen entgegen. „Ich hab sogar extra das Premium-Package gewählt, wo zehn Seiten auswendig gelernter Text, die Vernichtung eines Charakters meiner Wahl sowie Zeugen-Sharing mit einem anderen Angeklagten inkludiert sind."

Text vergessen

Dann folgte das böse Erwachen. Die Qualität der ersten Zeugenaussage blieb weit hinter den Erwartungen zurück. „Thomas Schmid wurde als CEO für ein milliardenschweres Ölprojekt interviewt. Es gibt dazu keine Unterlagen mehr, und das Projekt startete dann ohne CEO. Was ist so schwer, das vor Gericht überzeugend zu präsentieren? Der Ghostwriter, den mir die Aschbacher vermittelt hat, hat sich ur bemüht." Kurz fasst sich die Stirn.

Der zweite Zeuge sprang überhaupt kurzfristig ab. „Oder aus dem Fenster, da gehen die Meinungen auseinander. Wie Sie wissen, ist mir der Rechtsstaat heilig, deshalb bleibt mir da nur eine Klage", so der Ex-Kanzler und „wahre Sohn Gottes" (*Kurier*). Nun fordert Kurz seine überwiesenen Bitcoins zurück.

Firma gesprächsbereit

Innovationszentrum Skolkowo, 17 Kilometer westlich von Moskau. Johann Wladimir Gudenov, Geschäftsführer der Webseite *mailorderwitness.ru*, schenkt drei Tassen Kaffee ein. Er zeigt sich gesprächsbereit: „Ich habe für Kundenbeschwerden immer ein offenes Ohr – und offene Fenster."

Gudenov führt uns durch die Büroräumlichkeiten seines Startups. Dutzende Russen, oben Sakko, unten Jogginghose, sitzen vor ihren Laptops und zoomen mit Gerichten auf der ganzen Welt. Gudenov beobachtet sie. Die Auftragslage ist gut, der Rubel rollt. „Wenn einer meint, er habe bei uns sein Geld nur zum Fenster hinausgeschmissen, kann er gern nachspringen und es suchen“, lacht er.

Dann verfinstert sich seine Miene. „Wenn uns dieser Herr Kurz nun die Rute ins Fenster stellt, kann ich ihn nur davor warnen, sich zu weit aus dem Fenster zu lehnen. Man könnte die Sache auch positiv sehen: Wenn Gott dir eine Türe schließt, öffnet er dir ein Fenster – ein altes russisches Sprichwort.“

Konsumentenschutz warnt

Dass Kurz’ Klage Erfolg haben wird, ist unwahrscheinlich. Der Konsumentenschutz sieht schwarz und warnt vor gekauften Zeugen aus Russland: „Augen auf beim Zeugenkauf!“ Empfohlen wird daher nur die wirklich seriöse Webseite *mailorderverybelievablewitness.ru*.

LEBEN 2. Februar 2024

Damit sie niemand mehr nutzen möchte: ÖBB benennt sich um in Deutsche Bahn

Foto: Alex Noble (CO) / M

Reduzierte Zugverbindungen, Personalmangel, zu wenige Garnituren – das Management der ÖBB arbeitet derzeit fieberhaft daran, ihren Fahrgästen den Umstieg aufs Auto schmackhaft zu machen. Ein neuer Plan soll nun auch die letzten Zugreisenden abschrecken: Die ÖBB tarnt ihre Züge ab sofort als Deutsche Bahn.

WIEN – „Moingiorno, jutn Tach und Hallöle auf unsrem Railjet ‚Dieter Bohlen' von Wien nach Salzburch! Wir sind 'n Tick verspätet, dickes Sorry! Aber jetzt machen wir Vollbambe, dass das Huhn in der Pfanne verrückt wird, dass die Löcher aus 'm Käse fliegen, das sach ich euch, mit zwanzig Sachen geht's jetzt gen Westen. Gute Reise wünscht Ihre ÖDB." Verängstigt senken Passagiere ihre Handys und Zeitungen. Was ist hier los?

Der Schaffner geht durch und kontrolliert die Tickets. Eine junge Studentin zeigt ihm ihr auf den Oberarm tätowiertes Klimaticket. „Sorry, neee, mach ma halblang, dit gilt hier nich! Raus mit dir, juten Flug, bye, bye, Kartoffelbrei!"

„Kleene Stärkung gegen Kohldampf?", fragt eine ÖDB-Mitarbeiterin und rollt den Bordwagen durch den Gang. „Wir ham heut zum Bleistift 'n schmackhaftes Heringskäsekrainer oder 'n Schnitzelbrötchen mit Krautsalat und Currywurst. Oder vielleicht 'n original Wiener Schnitzel von der Pute mit Tunke?" Zehn Fahrgäste ergreifen die Flucht und verlassen beim nächsten Halt den Zug. Die Maßnahme greift.

Umschulung

Verantwortlich für den neuen Ton ist der Deutsche-Bahn-Ausbildner Rainer Schreckenthaler. „Nach exakt vier Stunden Verspätung schalten wir alle WCs gleichzeitig aus und drehen die Heizung entweder auf 13 oder 33 Grad, Lüftung sowieso gar nicht erst anmachen, das bricht die letzten Fahrgäste psychisch. Da ist Dschungelcamp 'n kleener Furz dagegen, das sach ich euch", schreit er einer Gruppe verängstigter Schaffner:innen ins Gesicht. Einer bricht weinend zusammen.

Nach beruflichen Stationen als Söldner in Liberia, Hundekampf-Leiter in Mecklenburg-Vorpommern, Inkasso-Eintreiber in Weißrussland, und Deutschlehrer am Theresianum hat Schreckenthaler die Deutsche Bahn in den letzten Jahren zum menschenfeindlichsten Unternehmen Europas geformt. Nun wurde er von den ÖBB angeheuert.

Neuer Standard

Der Bahn-Despot will die Standards des Entwicklungslandes Deutschland in ganz Österreich etablieren. „Wir bei der Deutschen Bahn sagen immer: Autos sind die Zukunft“, so Schreckenthaler. „Dementsprechend handeln wir auch. Neun von zehn Zügen sind unpünktlich. Der zehnte Zug geht spurlos verloren und taucht nie wieder auf.“

Der Zug steht jetzt kurz vor Salzburg. Am Bahnsteig warten Hunderte weitere Gäste, die in die Waggons wollen. Lokführer Dieter Kiemayer aus Mödling (Dienst-Identität: Detlef Detlefsohn aus Wuppertal) seufzt: „Uff, menno, dat is zu viel des Juten, die müssen draußen bleiben.“

Er drückt den Durchsageknopf: „Nächster Halt: Duisburg. Dieser Zug fährt weiter nach Bottrop.“ Sofort laufen die Reisenden schockiert davon. Der Waggon leert sich wieder ein wenig. Detlefsohn beißt zufrieden lächelnd in sein Knoppers. „Morgens halb zehn in Deutschland, mmmh.“

Notbremse gezogen

Vorne kommt der Endbahnhof bereits näher. Für die Leitstelle das Signal, sprichwörtlich und buchstäblich die Notbremse zu ziehen. Der Zug bleibt abrupt stehen. Eine Durchsage folgt: „Hallihallöle nochmals aus der Bordkabine, wir werden leider ein paar Minuten oder Monate aufgehalten durch einen Oberleitungsschaden, sieben Selbstmörder, schwere Sturmschäden und so weiter, reimt euch die Kacke einfach selbst zusammen. Macht's jut, bis denne, Antenne, San Frantschüssko, bis spätersilie!“

Per Schleudersitz rettet sich der Lokführer ins Freie. Die anderen Fahrgäste sitzen fest.

Um junge Leute wieder zu erreichen: Opernball heuer erstmals mit Moshpit

Foto: Elisabeth Mandl / Reuters / picturedesk.com (M)

Alles Pogo! Der Opernball erfindet sich neu: Neben Wiener Walzer, Polka und Quadrille gibt es heuer auf dem „Ball der Bälle“ erstmals auch einen Moshpit, um junge Menschen anzulocken. Vor der Staatsoper stehen 600 Rettungsautos bereit.

WIEN – 9:30 Uhr, Tanzschule Elmayer. Die Debütant:innen üben gemeinsam mit Maestro Thomas Schäfer-Elmayer ein letztes Mal die Schritte für den Eröffnungsmoshpit. „Du kannst viel fester zuschlagen, wenn du deinen Wohnungsschlüssel in der Faust hältst“, erklärt der erfahrene Tanzguru einer jungen Frau. „Und für den Abend bitte spitzere Stöckelschuhe, damit du bei den Herren schön zutreten kannst.“

Elmayer dreht den Song *Nazi Punks Fuck Off* von Napalm Death auf. „Eins, zwei, drei, eins, zwei, drei, haut's euch die Schädl ei!“

Das Staatsopernorchester wird heute neben Klassikern wie dem *Donauwalzer* und dem *Radetzkymarsch* auch Sonaten von Cannibal Corpse, Slipknot und Hatebreed (Knöchelverzeichnis 666) zum Besten geben. Anschließend wird die Solovioline ihre Stradivari live auf der Bühne zertrümmern und einem Würstel den Kopf abbeißen.

Botoxsaison

Die Schlange vor der Praxis von Dr. Artur Worseg reicht bis auf die Straße. „Ballsaison ist Botoxsaison“, lächelt er und drückt einer 18-Jährigen eine Spritze in die Stirn. „So, jetzt bist du nicht mehr alt und schiach. Viel Spaß heute!“ Die junge Frau strahlt ihn vorfreudig-regungslos an.

Heuer ist der Andrang besonders groß, erzählt Worseg: „Manche der älteren Gäste haben Angst vor dem Moshpit. Ich hab gestern einen 80-jährigen Kunden vollständig in Botox gepanzert, 600 Spritzen insgesamt. Er wollte auf Nummer sicher gehen.“

Intensives Vorglühen

Unter den meisten Gästen überwiegt jedoch Vorfreude. „Das is noch vom Nova 2008“, lacht Shayesteh Fürst-Ladani, die heute statt einem Ballkleid ihr ausgewaschenes In-Flames-Shirt trägt, und zeigt auf ihr verkrustetes Nova-Rock-Festivalband, aus dem bereits eine kleine Monstera wächst. Shayesteh und ihre Freund:innen glühen bereits seit 9:30 Uhr für den Opernball vor. „Heut wird's oag, richtig oag!“

Neben den Jungen freuen sich auch die Junggebliebenen über die Neuerung. Stargast Priscilla Presley kann es kaum erwarten: „Am meisten freue ich mich auf die Wall of Death zu Mitternacht.“ Ihre Begleitung, Baulöwe Richard Lugner, hat für den nächsten Morgen bereits eine Operation wegen mehrfachen offenen Rippenbruchs im Döblinger Privatspital gebucht.

Auch die traditionelle WKO-Loge wird umgebaut. Sie bekommt statt einer Champagner-Dusche heute eine Gambrinus-Bierdusche.

„Mein Gedächtnis ist gut“: Biden will weiter Direktor von Hogwarts bleiben

Foto: Gage Skidmore / Wikimedia

Nach Kritik an seinem Gesundheitszustand geht US-Präsident Joe Biden in die Offensive. Er weist alle Zweifel an seiner geistigen Verfassung zurück und bekräftigt, weiterhin Direktor von Hogwarts bleiben zu wollen – solange es sein Körper erlaube.

WASHINGTON D.C., USA – Biden wirkt abgekämpft, fahrig, wütend, als er vor die Presse tritt. Er legt einen Kochlöffel vorsichtig zur Seite, als wäre es ein wertvoller Zauberstab. Der Bericht eines Sonderermittlers stellte gestern seine Amtsfähigkeit infrage. „Ich bin vom Zauberrat zum Direktor dieser Institution berufen worden und werde das auch bleiben, bis wir den Ring in den Flammen von Mordor zerstört haben“, kontert Biden souverän.

Der Vorwurf, er sei erst kürzlich beim Quidditch Spielen schlafend vom Besen gefallen, sei laut Biden eine Lüge seiner Gegner. „Das hilft alles nur meinem Konkurrenten Donald Duck.“ Er blickt sich paranoid um. „Am besten, ich verstecke inzwischen meine geheimen Zaubersprüche“, murmelt er, nimmt die nationalen Atomcodes und überreicht sie seinem Praktikanten.

Globale Bedrohungslage

Biden wird ernst. „Wir stehen vor großen Herausforderungen. Haben Sie das Interview von diesem Lkw-Fahrer gesehen, dem Trucker Carlson, mit dem russischen Präsidenten Stalin?“, schlägt der vorgebliche Hogwarts-Direktor ernste Töne an. Er befürchtet, der russische Führer könne seine Drohungen wahrmachen und einen Todesstern bauen, der ganze Planeten mit einem Plasmastrahl zerstören kann.

Biden ahmt zischend die Geräusche der tödlichen Strahlen nach. „Nicht auszudenken, was passieren könnte, wenn er in New York die Lagerhaus-Zwillingstürme, das Symbol der freien Welt, angreift. Gott schütze unser schönes Indien! And God Save the Queen, man!“

Alternativjob

Wenigstens um seine berufliche Zukunft braucht sich Biden nicht zu sorgen. Aufgrund seiner Gedächtnisleistung wird er bereits von der ÖVP umworben, die ihn zum nächsten österreichischen Finanzminister machen will. Biden und ÖVP-Urgestein Andreas Kohl kennen sich noch aus ihrer Kindheit. Sie waren laut Biden gemeinsam mit der Eismumie Ötzi in der Mammut-Gruppe im Kindergarten.

Für den Hogwarts-Direktor ist es wichtig, sich im Team mit Menschen auf Augenhöhe zu umgeben. „Wir haben in Hogwarts jetzt einen neuen Buchhalter“, lächelt er und zeigt auf den neuen US-Finanzminister Gernot Flowery. „Er ist im Kopf drinnen noch nicht ganz so fix wie ich, aber es wird schon.“

Seiner Vize-Präsidentin Kamala Harris will Biden nicht den Vortritt lassen. Ihre Beliebtheitswerte seien zu schlecht und ihr Engagement an der Zauberschule überschaubar. Sie verbringe laut Bidens Auffassung zu viel Zeit auf der Damentoilette der Institution. Der Präsident habe ihr deshalb den Spitznamen „Maulende Myrte“ gegeben.

Masernvirus vor Ausrottung gerettet: Österreich erhält WWF Artenschutz-Preis

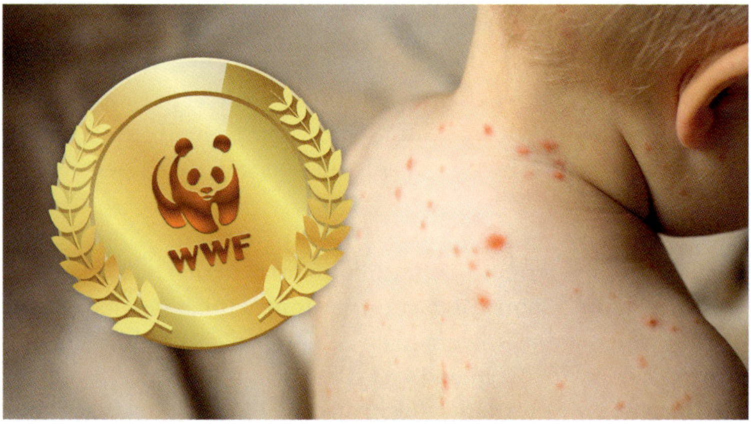

Foto: depositphotos.com / Wikimedia / WWF / (M)

Es gibt auch noch gute Nachrichten: Nach jahrelangen Bemühungen kann das Masernvirus nun von der roten Liste gestrichen werden. Der WWF zeichnet Österreich aus, als Dank für das unermüdliche Engagement für vom Aussterben bedrohte Arten. Die Tierschutzorganisation verleiht der Republik den Artenschutz-Preis 2024.

WIEN/GLAND, SCHWEIZ – Schon seit Jahren galten die Masern in unseren Breitengraden als faktisch ausgestorben. Doch alleine heuer konnten die kleinen Viren alleine in Österreich schon 60-mal nachgewiesen werden. „Es ist ein Wunder. Nirgendwo sonst finden die kleinen Nager bessere Bedingungen vor", lobt Andreas Wallmann vom WWF.

„In der Alpenrepublik können die Masern im blühenden Ökosystem zwischen idyllischen Querdenker-Bauernhöfen in Schärding und den urbanen Corona-Demos in Wien gedeihen, sich fast ungehindert fortpflanzen und ihren Lebensraum in den Atemwegen der Wirten zurückerobern", heißt es in der offiziellen Begründung.

Vorbildliche Aufzucht

Lokalaugenschein im Natur- und Impfschutz-Schutzgebiet in der Steiermark. Hier, in einem Montessori-Kindergarten im Bezirk Leoben, findet das Masernvirus ideale Bedingungen vor. Auch Eltern helfen fieberhaft bei der Aufzucht junger Viren mit. „Geh Leopold, stell dich nicht so an! Gib der Celine ein Busserl. Ja genau, direkt auf diese roten Flecken, supi!", motiviert eine Mutter ihren Sohn.

„Masern sind nicht schlimm für die Kinder, nur wie leichter Wundstarrkrampf. Wir haben übrigens hier gerade eine Tetanus-Party! Interessiert?", erklärt ein weiterer Papa, der gerade einen rostigen Nagel vorsichtig in die Fußsohle seiner Tochter spießt.

„Klar, Menschen mit einem schwächeren Immunsystem könnten an den Masern abkratzen. Aber unsere ganzheitliche alternative Philosophie, die wir mit Blumenlogos und lustigen Liedern schmücken, ist halt in Wahrheit eh nix anderes als zynischer Sozialdarwinismus nach dem Motto: ‚Stirb endlich, Oma, du Schwächling'."

Vorreiterrolle

Der Artenschutz liegt Österreich am Herzen. In einem Labor am Gürtel arbeitet man bereits fieberhaft an der Wiederbelebung anderer ausgerotteter Infektionskrankheiten wie etwa der Pest oder des seit 50.000 vor Christus ausgestorbenen, weichen Ziegenschankers.

Das „Loco", ein tropenmedizinisches Versuchslabor mit täglich Hunderten Probanden, dient als Inkubationsversuchsstelle. Zwischen 19 Uhr und 4 Uhr werden hier bisher völlig unbekannte Viren auf der Herrentoilette herangezüchtet und anschließend in die freie Wildbahn entlassen.

Egoismus

Das Wiederauftreten der Masern gibt Forscher:innen zwar Hoffnung auf eine vielfältige, artenreichere Zukunft von Infektionserkrankungen, doch noch fehlt es an Engagement in der Bevölkerung. „Leider gibt es in unserer Gesellschaft immer noch Menschen, die selbstsüchtig an ihre Kinder denken, anstatt sie einfach der Natur auszusetzen. Was sind das für Eltern, bitte, die ihre Kinder impfen lassen, ihnen Fahrradhelme aufsetzen oder sie aus dem Pool retten, wenn sie hineinfallen? Der Körper muss damit selbst klarkommen."

„Volkskanzler" jubelt

Die FPÖ feiert die neue heimische Population, wie Herbert Kickl erklärt: „Wir sind stolz auf unsere österreichischen Tierchen, auf unsere Adler, unsere Murmeltiere, unsere Masern. Wir brauchen keine eingeschleppten Schädlinge von außen!"

Sollte die FPÖ in die Regierung kommen, wolle man die Aufzucht heimischer Arten wie etwa der Purkersdorfer Pest, der Kritzendorfer Chlamydien oder der Schärdinger Syphilis forcieren.

LEBEN 15. Februar 2024

DIETAGESPRESSE 4 Kids: René und sein Signa-Reich aus Sand

Foto: Die Tagespresse

Ei ei, da ist aber heute wieder was los in dieser kleinen lustigen Sandkiste, irgendwo mitten im Tirolerland!

Der kleine René hat nämlich einen großen Traum: Er will die allergrößte Sandburg auf dem ganzen Spielplatz bauen. Jedes Kind weit und breit soll wissen, dass er der Tollste ist. Denn René weiß: Weder Schaukeln noch ein Bussi von der kleinen Lisa machen glücklich. Alles, was zählt, ist Schotter!

Juhu! Geschafft! Seine erste Sandburg ist fertig. Mit eigenen Händen hat er die anderen Kinder angewiesen, wie sie die Burg bauen sollen. Seine Freunde klatschen: „Toll, René! Du bist der größte, stärkste Bub am Spielplatz!"

Der findige René hat sein ganzes Glück auf Sand gebaut. Wer in der Burg mitspielen will, muss ihm einfach nur fünf Erdbeer-Lutscher Miete pro Semester zahlen.

Doch René hat noch nicht genug. Die Innsbrucker Sandkiste ist zu klein für einen Buben von Welt wie ihn. In der Bundeshauptstadt gibt es bestimmt noch tollere Sandkisten!

Doch woher soll er den Sand nehmen? Heureka! René saust zur Bank. Dort sitzt seine Freundin Lisa. Sie ist immer sehr hübsch angezogen, extrem nett und außerordentlich scheißfreundlich zu allen Kindern, weshalb diese ihr den ganzen Sand einfach blind anvertrauen. Mit 0,01 Prozent Zinsen.

„Gib Sand!", sagt René. „Die anderen Loser brauchen ihn eh gerade nicht. Die bauen nix, die schaukeln nur in der sozialen Hängematte. Wenn ich ihn nicht zurückzahlen kann, bekommst du meine tolle Sandburg."
Lisa sieht die Sandburg und ist beeindruckt. „Wow! Na gut, nimm so viel Sand, wie du willst! Ist eh nicht meiner, ich hafte nicht persönlich, ich sitze selber nur hier auf dieser Bank, bis mich mein Papa abholt." René lacht und stopft sich die Taschen randvoll.

René hat Erfolg! Und mit dem Erfolg kommt auch der dicke Alfred ...

Wenn es irgendwo in der Gegend nach Schotter riecht, ist der dicke Alfred nicht weit. Alfred hat auch einen Sandkistentraum: Er will der reichste Sozialdemokrat der Welt werden!

„Ur tolle Sandburgen hast du, René!" , sagt der dicke Alfred und nippt an seiner Barolo-Limonade. „Darf ich mitspielen? Ich habe zwar keine Ahnung von Sandburgen, aber dafür ein Telefonbuch."

René denkt nach. „Hm, ein Telefonbuch kann ich super gebrauchen als Fundament."

„Na gut!", sagt René. „Du bist ab sofort meine Bauaufsicht."
Der dicke Alfred reibt sich freudig den Bauch und schreibt eine Rechnung über eine Quintillion Zuckerln.

Doch schon bald reichen auch die Sandkisten in Wien nicht mehr aus. Da erscheint der schöne Sebastian vom Himmel.

„Renéeee, ur cool, was du machst da", lächelt der schöne Sebastian. „Aber die Sandkisten in Österreich sind einfach zu klein für dich. Ich weiß das! Ich geh schon aufs Gym und hab Global Strategy als Freifach."

René nickt. Er will die Welt entdecken, damit auch die Kinder auf den Spielplätzen in New York und Dubai wissen, dass er der Tollste ist! Doch woher soll er den ganzen Sand dafür schon wieder hernehmen?

Der schöne Sebastian grinst. „Ich habe reiche Freunde im Morgenland. Die können uns endlos Sand liefern! Als dein Freund helfe ich dir gerne! Fast gratis sogar. Alles, was ich will, ist eine kleine Aufwandsentschädigung."

Ruckizucki düst der schöne Sebastian vom Vienna International Airport Waldviertel ab und schickt sich wieder einmal selbst in die Wüste. Er will den Sand für René beschaffen.

„Bitte Lieferung bis morgen", lacht der schöne Sebastian. René ist ganz oben angekommen. Er hat mehr Sand als alle anderen Kinder. Doch ojemine! Was ist das da am Himmel?

Plötzlich ziehen über den Spielplätzen Gewitterwolken auf. Die anderen Kinder laufen nach Hause und flüchten zu ihrer Mama.

„Aber, aber", lacht René und baut unbeirrt weiter. „Mein Reich ist ja nicht auf Sand gebaut, sondern auf dem Telefonbuch vom dicken Alfred."

Dann beginnt es, strömend zu regnen, der nasse Sand rutscht ab, und das Telefonbuch löst sich auf.

„Mamaaaa“, schreit auch der kleine René. Doch dann hat er eine andere Idee, wer in retten könnte. „Nicht die Mama, sondern ein Papa!"

„Sebastian, ich brauch einen Sugardaddy! Du bist doch bärig gut befreundet mit diesem Vater Staat. Kann der seinen Regenschirm über mein Reich aufspannen?", ruft René.

Sebastian ist zur Stelle und rüttelt am 24. Dezember um 20 Uhr am Bezirksgericht, doch dieses bleibt zu. „Oh nein, jemand hat das Schloss gewechselt!"

Sebastian lächelt verlegen, dann tut er das, was jeder gute Freund tun würde.

„Sorry, ich muss jetzt weg. Viel Glück!", sagt Sebastian und steigt in den Flieger nach Amerika. „Grüß meine Familie von mir."

Ei ei ei. Der kleine René ist traurig. Sein Traum ist aus. Alles ist hinüber! Alle Kinder, deren Sand er sich geborgt hat, wollen ihm an den Kragen. Er muss schnell weg!

Doch keine Sorge, dem kleinen René geht es auch heute noch gut. Er hat sich rechtzeitig 300 Millionen Sandkörner zur Seite geschafft und kann sich immerhin daheim noch eine kleine Prunksandburg aufbauen. Ende gut, alles gut!*

*gilt nicht für die Signa-Gläubiger. Sorry!

Beruhigend: Österreichs Gas kommt zu 98 Prozent von russischem Serienmörder

Foto: kremlin.ru

Herr und Frau Österreicher können derzeit gut und vor allem warm schlafen: Die Energieversorgung des Landes ist in sicheren Händen. Laut Bundesregierung stammen bereits 98 Prozent der Gaslieferungen von einem psychopathischen Serienmörder aus Russland. Was soll da noch schiefgehen?

LINZ/MOSKAU – In der Wohnung von Frau Gruber aus Linz hat es angenehme 24 Grad. „Danke, Herr Präsident Putin!", ruft sie in die Gasleitung hinein und wischt die Blutlache weg, die sich jeden Tag unter ihrer Therme bildet.

„Ah so das, das ist normal", beschwichtigt sie. „Das kommt immer durch die Leitung irgendwie mit beim Tarif ‚Optima-Entspannt-bei-Völkermord-wegschauen'."

Dass sie eine mafiöse Clique im Kreml unter Führung eines Serienmörders mitfinanziert, stört sie nicht: „Wer ohne Schuld ist, der werfe den ersten Stein. Niemand ist perfekt. Meine Güte, dann hat er halt Aleksandr Litvinenko, Anna Politkovskaya, Natalya Estemirova, Sergei Magnitsky, Boris Nemtsov, Sergei Yushenkov,

Pavel Antov, Ravil Maganov, Dan Rapoport, Mikhail Lesin, Boris Berezovsky, Stanislav Markelov, Anastasia Baburova, Paul Klebnikov, Hunderttausende Ukrainer, Syrer und Tschetschenen abgemurkst. Aber unsere Politiker san ja a ned besser, Stichwort ORF-Zwangsgebühren."

Auch im Fall Nawalny warnt Frau Gruber vor vorschnellen Schlüssen: „Der feine Herr Nawalny war doch schon 47 Jahre alt. Da fällt man schon einmal tot um, wenn man spazieren geht. Bei Kriminellen, die im Gefängnis sitzen, sollte man sowieso immer skeptisch sein, die sind oft drogensüchtig. Und die Füße hat er mir auch nie gewärmt!" Sie will erst auf das Ergebnis der unabhängigen Kommission des Kremls warten, bevor sie ein Urteil fällt.

Nur einen Wunsch haben Herr und Frau Österreicher: Dass die Ukrainer endlich aufgeben und ihre Existenz als russischer Pufferstaat ohne Souveränität akzeptieren. „Ich glaub eh, dass es unangenehm sein kann, wenn Raketen beim Nachbarn einschlagen. Aber denkt dieser egoistische Warlord Zelensky denn nie an meine Energierechnung?", seufzt Gruber.

Lange Verträge

Energieministerin Leonore Gewessler ist ratlos. Seit Stunden hängt sie in der Warteschleife der Gazprom-Kundenhotline, um den Vertrag zu kündigen. Der OMV sind jedenfalls die Hände gebunden. „Vertrag ist Vertrag", bedauert OMV-Chef Alfred Stern.

Stern verweist auf „extrem harte Verhandlungen" im Jahr 2018. „Damals haben wir den Vertrag sechs Jahre vor Ablauf um zwölf Jahre bis 2040 verlängert, mit Take-or-Pay-Klausel und deutlich höherer Liefermenge. Das ist diese ÖVP-Wirtschaftskompetenz. Dafür durfte der Kurz ein Selfie mit Putin machen. Unsere strenge Compliance hat das damals geprüft. Leider sind die vor Abschluss der Prüfung alle tragisch verunglückt."

Im Nachhinein, so Stern, sei man immer schlauer: „Konnte ja niemand wissen, dass Putin nach den Kriegen in Tschetschenien, Syrien und dem Donbass zu sowas fähig ist. Wir haben ihn eigentlich für einen vernünftigen Diktator gehalten." Stern nimmt einen Geldkoffer und entschuldigt sich: „Sie werden verzeihen, ich muss jetzt nach Moskau. Putins Stiefel lecken sich nicht von selbst sauber."

Anatomie einer Hetzjagd – Dichand neben der Spur

Foto: Montage Die Tagespresse

Wir haben Eva Dichands Bedingungen erfüllt, 1000 Euro Entschädigung und 1781,28 Euro Anwaltskosten überwiesen und ihr Foto durch ein Neues ersetzt. Danke an Jedimaster für die Idee.

Wochenlang wurde Alexandra Föderl-Schmid vom schmierigen Boulevard in einer beispiellosen Hetzkampagne verfolgt, wie man sie sonst nur aus dem Hause Dichand gegen grüne Ministerinnen oder rote Finanzstadträtinnen kennt. Wie es ist, vom Mob verfolgt zu werden, weiß niemand besser als ich, Eva Dichand, die Anne Frank der österreichischen Medienlandschaft, das größte Opfer seit Jesus Christus.

Teil 2 einer Serie, die Eva Dichand gestern in der *Heute*-Zeitung begann.

Gut erinnere ich mich noch selbst an meine persönliche symbolische Kreuzigung. Es war am 30. März 2023, als sich mein Leben auf den Kopf stellte, als Schergen der WKStA in unsere Redaktionsräume stürmten und im Zuge ihrer brutalen Razzia zahlreiche Redakteur:innen, Computer und USB-Sticks vergewaltigten.

Über Nacht wurde ich das unschuldigste Medienopfer seit Sebastian Kurz. Ich weiß jetzt jedenfalls, wie Jesus Christus sich gefühlt haben muss, als er zum dritten Mal unter dem Kreuz gefallen ist. „Eva, ach Frau Medienmanagerin Dr. Eva Dichand, ich fühle mit dir", mag er damals wohl gemurmelt haben.

Was ist das für ein Vorgehen?

- Ermittlungsbehörden, die nach Vorliegen von Indizien zu ermitteln beginnen.
- Eine Hausdurchsuchung, die von einem Richter auf Basis der Ermittlungserkenntnisse genehmigt wird.
- Unabhängige Medien, die von diesen Ereignissen berichten.

Es sind Vorgänge, wie sie in einer Bananenrepublik wie Österreich nichts verloren haben. Wieso wurde ich nicht vorher von meinen Freunden aus der Politik über die Razzia informiert? Wo blieb die ÖVP-Pressekonferenz von Gaby Schwarz, die verkündet: „Es ist nichts mehr da, zwinker zwinker?"

Die Staatsgewalt will mich auslöschen, sie will mich ausmerzen, vernichten, und ja, wenn ihr es sagt, dann bin ich es halt, die weibliche Antwort auf Alexej Navalny.

Neid, Hass, Missgunst

Die unmenschliche Razzia, mein persönliches Stalingrad, passierte noch dazu während der Frühstückspause! Ich musste mein Kipferl unangebissen weglegen, musste Hunger leiden – und ja, vielleicht bin ich die österreichische Antwort auf Mahatma Gandhi. Seine Fußstapfen sind mir, Eva Dichand, nicht zu groß.

Doch das Leid ging weiter: Als ich frische Luft schnappen gehen wollte, wurde mir dies plötzlich verwehrt. Ich war gefangen in der Redaktion – und ich weiß jetzt auch, wie Natascha Kampusch sich gefühlt haben muss, nämlich fast so schlimm wie ich mich damals.

DIES muss JETZT ein ENDE haben! Wann greift Alma Zadić ein und übt politischen Einfluss auf die Justiz aus? Ich bin eine von der Polizei verfolgte Frau mit Rehaugen, die moderne Antwort auf Arigona Zogaj! Frau Zadić, schützen Sie mich! Sind wir denn hierzulande schon zu einem Rechtsstaat verkommen, wo reiche Verlegerinnen nicht mehr über dem Gesetz stehen?

FAKT IST: Redaktion und Geschäftsführung sind bei der *Heute* strikt getrennt. Wir kennen uns nicht, wir haben uns noch nie gesehen, ich mische mich überhaupt nicht in die inhaltliche Gestaltung ein. Ich schreibe lediglich eine tägliche, ganzseitige Kolumne auf Seite 5 über meinen Leidensweg.

Endlose Hetze

Seit der gestrigen Veröffentlichung meiner Enthüllungen, auf die das Land sehnsüchtig gewartet hat, nimmt die Hetze ein biblisches Ausmaß an. Was mich besonders schmerzt: Die Hetze kommt sogar von meinem eigenen Publikum. Denn obwohl ich TOP-Herausgeberin Dr. Eva Dichand bin, interessiert sich nicht einmal meine eigene *Heute*-Community für meine explosiven Vorwürfe:

24-mal mehr Interaktionen für irgendeinen unwichtigen D-Promi? Hallo? Wo ist da die Gerechtigkeit? Es fühlt sich wirklich an, wie wen man dauernd vergewaltigt wird. Und alle schauen zu. Die Tracht Prügel bringt dieses freche Gör hoffentlich zum Umdenken, ob sie mir weiter auf meinem eigenen Medium die Show stehlen darf.

Auch auf der *Heute*-Webseite reicht mein Opium magnus (das ist übrigens Latein, Sie Dolm) nicht einmal für einen Platz unter den fünf meistgelesenen Politik-Meldungen des Tages:

Foto: Screenshot Heute.at

Besteht die Welt nur noch aus Monstern? Darf man mit der Familie Dichand alles machen?

Mittäter
Und wer stimmt fröhlich und völlig unprovoziert in die Hetzjagd mit ein? Der ORF-Rotzfunk, der linke Zwangsgebühren-Sender. Am Küniglberg versucht man, mich durch unfundierte Hetze mundtot zu machen. Doch heldenhaft hielt ich Stand im Homeoffice im Westflügel meines Chalets.

Jeden Tag tippte ich meine bescheidene Kolumne vor mich hin, um mein Leid zu dokumentieren. Ich publizierte im Dunklen und Geheimen. So in etwa muss sich Anne Frank gefühlt haben, als sie sich zum Schreiben im Hinterhaus vor den Nazis verstecken musste. Zu ihrem Glück gab es damals allerdings noch kein Twitter. Denn der Shitstorm, der sich gerade über mich ergießt, ist schlimmer als alles, was Anne Frank je erleben musste.

Hass, Hass, Hass, Hass, Hass, Hass und Missgunst
So, das war's von mir für heute. Mehr dazu in meinen noch folgenden weiteren 423 Teilen, die ab morgen erscheinen. Ich bin schließlich Herausgeberin des relevantesten, wichtigsten, schönsten, tollsten, Onlinemediums Österreichs (ÖWA 01/2024, ausgenommen ORF.at).

Sie können sich vorstellen, ich habe jetzt Besseres zu tun: Ich muss noch das Geburtsdatum auf meinem Wikipedia-Eintrag um zwei Jahre vordatieren, weil irgendein gehässiger Wikipedia-Admin meine Edits immer wieder wahrheitsgemäß revidiert. Hetze! Unverschämt! Und Zadi ? Schaut wie immer zu!

Aber das ist eben das harte Los einer Herausgeberin. Ich verspreche meinen Gegnern: Ich lasse mich nicht unterkriegen. Ich werde weiter mutig berichten von Matratzen in der U-Bahn, Couch-Transporten in der U-Bahn, oder Spiegeln in der U-Bahn, auch wenn die Eliten das lieber geheim halten wollen. Ihr bringt mich nicht zum Schweigen.

Danke für GAR NICHTS,
Eure Eva Christus-Dichand

Wegen Urheberrechtsverletzung: DIETAGESPRESSE mahnt *heute.at* ab

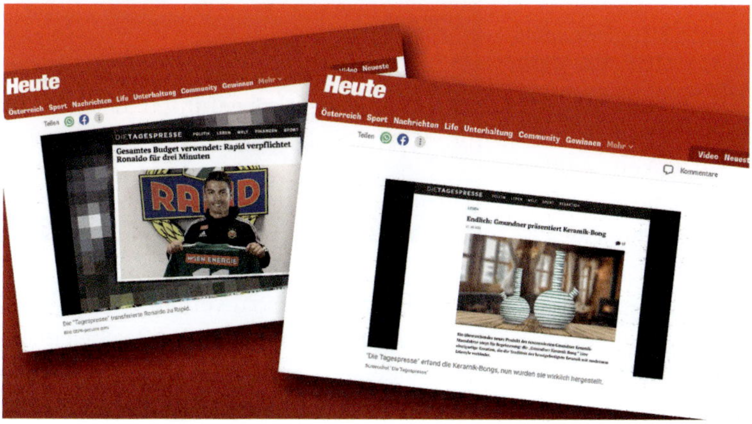

Foto: Screenshot Heute.at

Zuallererst: Fehler passieren. Fehler sind menschlich.

Auch uns ist gestern ein Fehler unterlaufen, als wir auf dem APA-Fotodienst „Picturedesk" ein Bild von Eva Dichand herunterluden, das nur für die Nutzung im Zusammenhang mit einer bestimmten Presseaussendung aus dem Jahr 2014 erlaubt war. Als seriöse Redaktion haben wir das Kleingedruckte selbstverständlich überlesen.

Als uns gestern kurz nach 14 Uhr eine Abmahnung von Eva Dichands Anwalt erreichte, mit der Aufforderung, das Foto binnen 24 Stunden aus dem Artikel über sie zu löschen und eine mehr als angebrachte Entschädigung von 1000 Euro an *Heute* zu zahlen, zückten wir gleich unsere Kreditkarte.

Ist doch Ehrensache! Wir haben so viel Kohle durch den zugesprochenen Kostenersatz aus der FPÖ-Klage verdient, dass wir eh gar nicht wissen, wohin damit. Und Kunst sammeln wird auch irgendwann fad. In unserem Büro hängen schon vier echte Basquiats von André Heller.

Die 1.781,28 Euro Kostenersatz für Dichands Anwalt empfanden wir als angemessen, immerhin kann die Erstellung einer standardisierten Abmahnung schon einmal mehrere Minuten dauern. Auch die Stromkosten für das Abschicken einer E-Mail sind nicht zu unterschätzen.

Ein neues Foto musste her. Wir entschieden uns für ein Motiv, mit dem wir unseren Dank an Frau Dichand ausdrücken wollen (Danke auch an Jedimaster für die Idee!).

Foto: Montage Die Tagespresse

Nur Dichands mutigem Einschreiten ist es zu verdanken, dass der Artikel ein viel größeres Publikum fand – beim Thema Reichweite ist Dichand wahrlich eine Koryphäe. Sie verwandelte eine müde Meldung in einen echten publizistischen Blockbuster. Eine klassische Win-win-Situation: Deutlich mehr Menschen stießen auf unseren Artikel, und Eva Dichand ist jetzt um exakt 0,0002 Prozent reicher. Wir können von ihr noch so viel lernen.

Nun denn …

Fehler passieren nicht nur uns, sondern auch anderen.
Im Zuge unserer Recherchen machen wir eine schockierende Entdeckung. Wir finden auf *heute.at* zwei Screenshots von der **TAGESPRESSE**, die urheberrechtlich geschützte Fotos enthalten. Inhaber der Urheberrechte nach § 24 Abs. 1 UrhG ist bedauerlicherweise „DIE**TAGESPRESSE** Medienproduktion GmbH".

Beweismittel 1

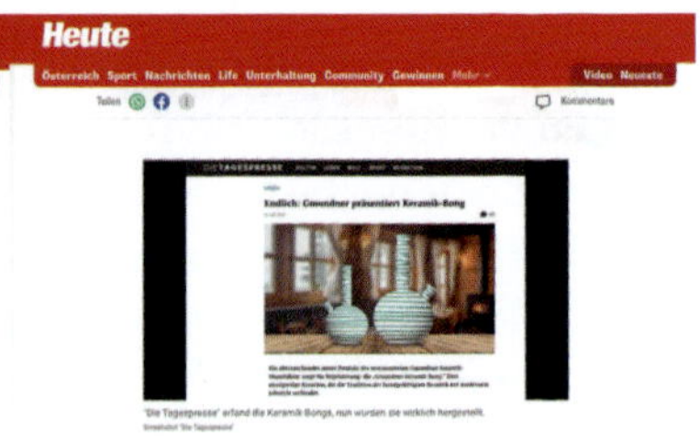

Beweismittel 2

Foto: Screenshot Heute.at

Frau Dichand hat uns die Wichtigkeit der Einhaltung des Urheberrechts vorgelebt. Selbst Satiremagazine wie *heute.at* sollten sich daran halten. Wie können wir diese wichtige Lektion nun ignorieren?

Als seriöses Medium blieb uns keine andere Wahl, als unsere Anwaltskanzlei Höhne, In der Maur & Partner unter großem Bedauern mit der Erstellung einer Abmahnung an *heute.at* zu beauftragen. Diese wird in den kommenden Stunden an die Medieninhaberin zugestellt.

Wir sind bereit, von einer Klage abzusehen, wenn heute.at beide Fotos binnen 24 Stunden ab Erhalt der Mahnung löscht und eine Entschädigung von 1000 Euro leistet – pro Bild, versteht sich. Diese Entschädigung ist nicht an uns, sondern an die Caritas Gruft zu leisten. Wir wollen das schmutzige Inseratengeld nicht und glauben, dass es in der Gruft besser investiert ist.

Außerdem wird unsere Kanzlei selbstverständlich die Kosten für ihr Einschreiten verrechnen – 1.781,28 Euro …

Wir haben heute alle etwas dazugelernt. Fehler sind keine Schande. Wir raten: Aufstehen, Krone richten, Abmahnung zahlen, weitermachen!

REDAKTION 26. Februar 2024

Einigung zwischen Satirezeitungen: DIETAGESPRESSE und *Heute* beschließen Waffenstillstand

Foto: depositphotos.com (M)

Nach einem harten Wochenende voller Verhandlungen bis in die frühen Morgenstunden legen die zwei größten Satiremagazine Österreichs ihren Rechtsstreit bei. DIE**TAGESPRESSE** **und der Branchenkonkurrent *Heute* einigen sich auf einen Waffenstillstand.**

Es sind dramatische Szenen, die sich nach Beginn von Eva Dichands dreiteiliger Sondermilitäroperation abspielen. Ein internationaler Aufschrei folgt. Der UN-Sicherheitsrat tagt. Joe Biden wird während einer Sitzung 24-mal aus einem Powernap geweckt. Xi Jinping unterbricht die Besichtigung eines Arbeitslagers in Xinjiang. Noch ein großer Krieg in Europa? Nein, das können wir uns nicht leisten.

Nachdem der Bezahlabo-Branchenriese DIE**TAGESPRESSE** dem kleinen Witzheft *Heute*, das umsonst in U-Bahn-Stationen herumliegt, mit Klage wegen Urheberrechtsverletzungen drohte, lenkt Eva Dichand, Clown Executive Officer (CEO) bei *Heute*, ein.

Der Deal: ein juristischer Gefangenenaustausch. Der Anwalt von *Heute* erstattet der DIE**TAGESPRESSE** die gezahlten 2.781,28 Euro vollständig zurück. Dafür verzichtet das milliardenschwere DIE**TAGESPRESSE**-Unternehmen aus Wien-Margareten großzügig auf die Forderung bezüglich der beiden DIE**TAGESPRESSE**-Screenshots auf heute.at.

Außerdem spenden beide Parteien jeweils 1000 EUR (umgerechnet: einmal Telefon abheben und im Schritt kratzen als *Heute*-Anwalt) an die Gruft der Caritas. Lediglich die Würde und die journalistische Glaubwürdigkeit von Frau Dichand konnten trotz intensiver Bemühungen nicht mehr rückerstattet werden.

Die Friedenstauben steigen auf. Die Gewitterwolken verziehen sich. Die beiden wichtigsten Satiremagazine des Landes koexistieren fortan friedlich (kleiner Scherz). Die Gruft freut sich über 2000 Euro. Und eines ist klar: Am heutigen Tag gewinnen alle, außer die Anwälte.

„War is over, if you want it“ – John Lennon

Empfindliche Strafe: Ganz Österreich zu acht Monaten weinerlicher Kurz-Interviews verurteilt

Foto: Helmut Fohringer / APA / picturedesk.com

Das sitzt! Ganz Österreich wurde vom Wiener Straflandesgericht zu acht Monaten weinerlicher Kurz-Interviews verurteilt. Die kollektive Bestrafung einer ganzen Nation sorgt für Entsetzen.

MEIDLING – „Ich bin das größte Opfer, was habe ich nur falsch gemacht? Wie Sie wissen, und Sie kennen mich, hab ich noch nie etwas falsch gemacht. Meine Mami ist ganz traurig, man will mich zum Schweigen bringen“, raunzt Sebastian Kurz von nicht weniger als 28 Titelseiten auf das Land hinab. „Als das alles passiert ist, war ich ja noch gar nicht volljährig und strafmündig.“

„WIR SIND NELSON MANDELA“, prangt auf der Titelseite des *Kurier*, wo man Mitleid mit dem Ex-Kanzler ausdrückt. „Man verfolgt mich, nur weil ich gewagt habe, die Unwahrheit auszusprechen, was im Übrigen eine Unwahrheit ist. Und eine unwahre Unwahrheit ergibt wieder eine Wahrheit … einfache Arithmetik“, erklärt Kurz im Interview.

Der völlig unschuldige Kanzler ist in eine kafkaeske Situation geschlittert. Wie schon während seiner Kanzlerschaft ist er nur ein schlecht informierter Passagier. „Kennen Sie übrigens den Herrn Silberstein?“, fragt Kurz eine Redakteurin. Sie nickt interessiert und bietet drei weitere Interviews an.

Schwerer Schaden

Die einfache Bevölkerung dürfte nach dem Urteil am meisten Schaden nehmen. Der Kanalreiniger Benjamin Mayrhofer sitzt beim Frühstück vor der *Kronen Zeitung* und beißt angeekelt in seine Leberkässemmel. „Na Mahlzeit. Grauslich, statt der Nackerten auf Seite 3 gibt's da jetzt jeden Tag ein achtseitiges Special inklusive Ausreißposter von dem Kurz.“

Er wirft die Zeitung weg und schnappt sich eine oe24. Dort sieht die Lage nicht anders aus: Eine Vignetten-Sonderedition mit dem Bild von Kurz liegt diesmal bei. Wer am Aufkleber an seinem Gesicht rubbelt, kann Weihrauch riechen. „Na bitte, wieso könnt's ma ned einfach nur die Hand abhacken wie in Saudi Arabien, und guad is? Ich halt des ned aus.“

Medientour

Kurz will in den Medien so präsent wie möglich bleiben. „Damit mich meine eigene Tochter mal kennenlernt. Oder mein Sohn. Mein Kind halt.“

Die gestrigen Interviews seien nur der Anfang gewesen: „Ich muss heute noch auf ORF 2 zur Barbara Karlich, dann zu Ö3 zu *Frühstück bei mir* und nächste Woche mach ich einen Podcast mit Gabi Hiller und Paul Pizzera, wo ich so lustige Anekdoten aus meinem Leben als Papa erzähle, also wie ich einmal zum Beispiel heimgekommen bin und die Babysitterin bezahlt habe.“

Sollte das Urteil in der nächsten Instanz noch verschärft werden, könnte den Menschen in Österreich sogar die Höchststrafe drohen: ein kollektives Gebet für Sebastian Kurz in der Wiener Stadthalle, um den „wahren Sohn Gottes“ (*Kurier*) von seinen Sünden zu reinigen.

Erst in acht Monaten haben die Österreicher:innen die harte Strafe abgesessen. Dann wird Kurz' bedingte Strafe abgelaufen sein und er kann nach den Koalitionsverhandlungen zwischen ÖVP und FPÖ als Justizminister zurückkehren.

„Sicheres Herkunftsland für Nazis": Taliban schieben 84-Jährigen nach Österreich ab

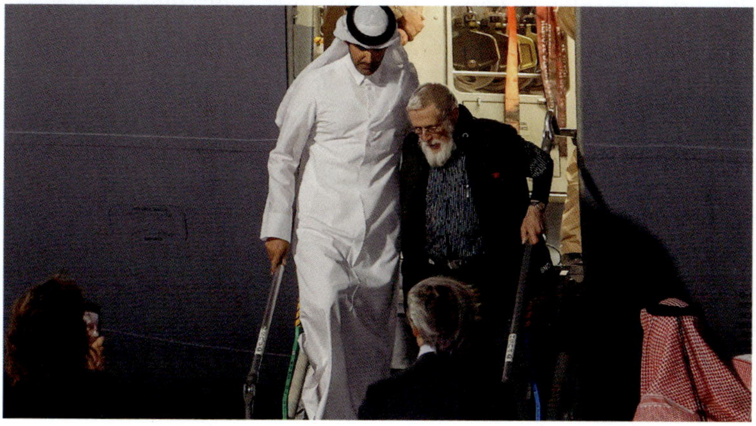

Foto: Karim Jaafar / AFP / picturedesk.com

Lange wurde in Afghanistan diskutiert, nun fällt der Oberste Gerichtshof in Kabul eine folgenschwere Entscheidung: Abschiebungen nach Österreich stellen keinen Bruch der Menschenrechte dar. Das Land sei – so die Richter – ein sicheres Herkunftsland für Nazis. Damit macht Kabul den Weg frei für die Abschiebung eines 84-jährigen Rechtsextremen.

KABUL/WIEN – Eigentlich wollte der 84-jährige österreichische Nazi-Opa Herbert F. vor dem grünen Kogler-Regime flüchten und im sicheren Hafen Afghanistan Unterschlupf finden. Doch in seiner neuen Heimat folgte die Schubhaft. Diese Woche landete der Österreicher wieder in Wien – abgeschoben!

Immer wieder reisen Rechtsextreme unangekündigt nach Kabul. Lange hat Afghanistan zugesehen. Zu lange, finden manche: „Sie passen einfach nicht in unsere Kultur, Österreicher sind korrupte Nazis, die nichts aus ihrer Geschichte gelernt haben", so der Taliban-Innenminister, während er mit einem 900-Euro-Kugelschreiber eine öffentliche Hinrichtung unterzeichnet. An der Wand hinter ihm hängt ein riesiges Wahlplakat mit dem Slogan Muezzin statt Pummerin.

Kritik an Urteil

Doch es gibt auch Gegenstimmen. „Ein Leben in Österreich ist unzumutbar", warnt Ahmad Hashmi von der Grünen Partei Afghanistans. „Der gesamte Boden ist versiegelt, die Züge sind zu spät, die Spitäler voll, Mieten, Energie und Lebensmittel sind unleistbar. Und das Bundesheer ist nicht wehrfähig. Es hat weniger Hubschrauber und Flugzeuge als wir."

Droht dem Nazi-Opa in Österreich nun der sichere Tod? Die Kritik, Österreich würde 84-jährige Männer unter unmenschlichen Bedingungen in staatlichen Pflegeheimen zum Sterben einsperren und mit Bingo-Runden foltern, bis ihr gesamtes Erspartes aufgebraucht ist, prallt an den Taliban ab. „Die österreichische Regierung hat uns eine Pflegereform bis zum dritten Quartal 2024 versprochen. Wir werden Herrn Schallenberg an seinen Taten messen."

Nicht der erste Nazi-Opa

Die Taliban verweisen auf den Fall eines anderen Nazi-Opas, der bereits vor einigen Monaten nach Österreich abgeschoben wurde. „Den Andreas Mölzer hab ich erst gestern bei *Fellner! Live* quicklebendig gegen den Herrn Sebastian Bohrn Mena diskutieren gesehen. Dem geht es offensichtlich prächtig. Es ist für alte Nazis in Österreich kein Problem, ein gutes Leben in Freiheit oder bei den Freiheitlichen und sogar in hohen politischen Ämtern zu führen."

Um zu beweisen, dass Österreich ein sicheres Herkunftsland für radikale Waffennarren ist, überlegt der Taliban-Anführer, persönlich ins Land zu reisen. „Ja, ich weiß, es klingt verrückt. Aber ich bin bereit, dieses Risiko auf mich zu nehmen, um diese leidige Debatte endlich zu beenden."

Erstes beschlagnahmtes Auto: Gewessler überreicht Raser zur Gratulation neues Lastenrad

Foto: Helmut Fohringer / APA / picturedesk.com (M)

So sehen Sieger aus! Gestern musste erstmals ein Raser sein Auto abgeben. Verkehrsministerin Leonore Gewessler lässt es sich nicht nehmen, dem glücklichen Gewinner persönlich zu gratulieren. Er darf sich über ein neues Lastenrad freuen.

WIEN – Es sind tragische Szenen, die sich gestern am Wiener Gürtel abgespielt haben: Ein junger Mann steht zwischen Polizisten und weint verzweifelt um seine große Liebe. Noch ein letztes Mal küsst er sie auf die Haube, streichelt ihr über das Heck, dann wird das Auto für immer auf den Abschleppwagen gezogen. „Hier, bitte, das Testament", sagt ein Polizist und überreicht dem Mann einen Strafzettel über 2000 Euro.

Auf einmal gehen Scheinwerfer an, aus den Boxen ertönt *We Are the Champions* von Queen, Konfetti regnen auf den Gehsteig. Der junge Mann schaut verdutzt auf. Nebelmaschinen gehen an, Leonore Gewessler erscheint durch die Schwaden hindurch mit einem Bakfiets-Lastenrad.

Siegerehrung
Ein Blitzlichtgewitter beginnt. Gekonnt reißt Gewessler das Lastenrad hoch und fährt die letzten Meter in einem Wheelie. Passanten applaudieren. Mit einem coolen Bunny Hop springt die Ministerin über einen Blumentopf vor dem Raser, der das Spektakel entgeistert beobachtet. Gewessler begrüßt ihn mit einem High Five. „Dein Auto siehst du nie wieder. Das ist ab jetzt dein neuer Schlitten! Cool, oder?", lacht Gewessler und klopft auf das Rad.

Im Hintergrund lehnt ein enttäuschter Finanzminister Magnus Brunner rauchend an einer Hauswand und beobachtet das Spektakel zerknirscht. Er hat eigentlich auf Platz 1 spekuliert. Sein Auto wurde nur wenige Minuten später aus dem Verkehr gezogen. „Mit Tempo 98 in der Spielstraße. Fast schon peinlich! Wie eine Schnecke ...", murmelt er. Als Zweiter erhält er lediglich ein Klimaticket-Tattoo auf die Stirn.

Glücklicher Gewinner
Der 28-jährige Raser Manuel kann sein Glück kaum fassen: „Endlich zahlt es sich einmal aus, ein rücksichtsloser Wichser zu sein, der das Leben anderer riskiert, um sein fragiles Ego für wenige Sekunden zu stabilisieren."

Manuel hat in seinem Leben viele Rückschläge zu verkraften gehabt: „Der Arzt hat mich nach der Geburt siebenmal fallen lassen, mit acht erlitt ich einen Hirnriss und mit 13 wurde mir das Gehirn schließlich komplett amputiert. Ich warte jetzt auf ein Ersatzgehirn", erklärt er sehnsüchtig und schielt auf eine am Boden liegende Kartoffel.

„Voi cool"
Manuel schluckt seinen Ärger hinunter und setzt sich auf das Lastenrad. „Voi cool", sagt Gewessler. „Cool, cool, cool", stimmt sie einen Chor an, alle Medienvertreter singen mit. Ein tiefergelegter BMW M3 rollt langsam vorbei, der grinsende Beifahrer zückt sein Handy und filmt mit – offenbar hat er seinen Raser-Kollegen erkannt.

Der junge Wiener vergräbt sein Gesicht in den Händen und zieht sich die Kapuze tief ins Gesicht. Dann flüchtet er mit dem Lastenrad über den Gürtel und übersieht dabei eine rote Ampel. Zwei Polizisten nehmen ihm das Lastenrad ab. Gedemütigt schleicht Manuel zum nächsten E-Scooter. Heute wurde nicht nur sein Stolz verletzt, sondern der Stolz aller Männer im Land.

Kuscheljustiz fällt Skandalurteil: FPÖ verliert gegen DIETAGESPRESSE in erster Instanz

Foto: Martin Juen / SEPA.Media / picturedesk.com / Wikimedia / ACBahn (M)

Es ist ein Schlag ins Gesicht eines jeden rechtsstaatsverachtenden Patrioten: Das Wiener Handelsgericht wies die Klage der FPÖ gegen das linkskommunistische Urkundenfälscherportal DIETAGESPRESSE nicht rechtskräftig ab. Die stolze Heimatpartei muss 10.467,55 Euro Kostenersatz leisten. Geld, das im bevorstehenden menschenverachtenden Wahlkampf schmerzlich fehlen wird.

Dicke, salzige Tränen laufen heute über die Wangen tausender, schmissverzierter FPÖ-Gesichter und tropfen auf die Schnitzel in ihren Tellern. Wieder einmal folgt der Rechtsstaat dem Recht und nicht der Politik, wie es eigentlich von Volkskanzler Herbert Kickl gefordert wird.

Es ist die nächste Justiz-Schande, nach der Abweisung des Antrags auf einstweilige Verfügung, weshalb die FPÖ bereits 2207 Euro an die Tagespresse zahlen musste.

Frontalangriff

Das Urteil des Handelsgerichts ist nichts weniger als ein skandalöser Frontalangriff auf die patriotische Esskultur in unserem schönen Land. Wie kommen hart arbeitende, österreichische Eltern dazu, ihren Kindern erklären zu müssen, was Gnocchi sind? Eine unerträgliche Vorstellung, die jedem echten Patrioten das Herz bricht. Offenbar wollen die Gerichte, dass wir diesem Wahnsinn weiterhin tatenlos zusehen.

Die Urteilsbegründung hat es in sich. Zeile für Zeile analysiert der Richter den gemeingefährlichen Wirtshausbrief. Warnungen vor „immer mehr werdenden Wienern, die sich als ‚Zweitwohnsitzer' in unserem Bundesland ansiedeln und die Nachfrage nach ‚anglikanischen Trendspeisen' wie Tofu erhöhen" werden ins Reich der Lächerlichkeiten und Kuriositäten verwiesen.

Der Richter folgt damit nicht der Argumentation der FPÖ, die in unzähligen Schriftsätzen wortreich argumentierte, wieso ihr solche absurden Ideen durchaus zuzutrauen seien.

Ein durchschnittlicher, unbefangener Gastwirt versteht den Inhalt des Schreibens so, als würde die klagende Partei mit der Einführung einer neuen „Wirtshausprämie" werben und darüber hinaus bestimmte rechtliche Kriterien konkretisieren, die für die Förderwürdigkeit einer öffentlichen Förderung des Landes Niederösterreich herangezogen würden, wobei ein Kontrollbesuch und bei Nichtbeachtung auch erhebliche Sanktionen angedroht werden.

Und auch der spannende Vortrag des FPÖ-Anwalts, wonach der durchschnittliche Wirt keine Zeitung lese und daher nicht mitbekommen haben könne, dass der Brief als Fake aufgedeckt wurde, hinterließ keinen bleibenden Eindruck.

Stattdessen beruft sich der Richter auf den Europäischen Gerichtshof für Menschenrechte, der Urteile fällt. Eine absurde Vorstellung, da es laut FPÖ-Statut weder Europa noch Menschenrechte gibt.

Während die FPÖ die Festung Niederösterreich gegen ausländische Eindringlinge wie Tofu, Kurkuma und Kinderschokolade verteidigt, versuchen die schmuddeligen Schmierfinken der **TAGESPRESSE** tagtäglich, die Grenzen der Satire niederzureißen.

Hoffnung auf zweite Instanz

Ob es im Wiener Oberlandesgericht noch aufrechte Patrioten gibt, die einer außer Rand und Band geratenen Partisanenpublikation zeigen, wo der Hammer und die Sichel hängen, wird sich in einem möglichen Berufungsverfahren zeigen.

Denn mit einer Berufung ist durchaus zu rechnen, schließlich müssen die Parteifunktionäre die Prozesskosten ja nicht privat aus ihren FPÖ-Sporttaschen bezahlen, sondern aus dem Steuertopf.

Und so Gott will, vielleicht bekommen die schwer geschädigten Opfer der FPÖ in zweiter Instanz ja vom Oberlandesgericht doch noch Recht und erreichen ihren langersehnten Wunsch: nämlich, dass DIE **TAGESPRESSE** eine ganzseitige Gegendarstellung in den Wochenendausgaben der *NÖN* und den *Bezirksblättern* schalten muss.

Denn das, meine Damen und Herren, das wird der **TAGESPRESSE** finanziell das Genick brechen und sie Länge mal Breite kosten, wenn sie extra am Wochenende für die Sonderausgabe *FPÖ* die Druckerpressen in St. Pölten anwerfen lassen muss …

> 2. a. Der klagenden Partei wird die Befugnis eingeräumt, den stattgebenden Urteilsspruch über das Unterlassungsbegehren innerhalb von vier Wochen nach Rechtskraft auf Kosten der beklagten Parteien zu ungeteilter Hand zu veröffentlichen und zwar im redaktionellen Teil einer Wochenendausgabe des Printmediums *„Niederösterreichische Nachrichten"* sowie im redaktionellen Teil einer Wochenendausgabe des Printmediums *„Bezirksblätter Niederösterreich"*, dies jeweils in folgender Form: Ganzseitig, mit Fettdruckumrahmung, fett hervorgehobener Überschrift „Im Namen der Republik!", im Übrigen in Normallettern, mit gesperrt und fettgedrucktem Namen der Prozessparteien, unter Nennung des Gerichts, der Parteienvertreter, der Geschäftszahl und des Urteilsdatums,

… denn sowohl die *NÖN* als auch die *Bezirksblätter* erscheinen leider immer nur am Mittwoch.

Ändern kann die FPÖ NÖ ihr Klagebegehren übrigens nicht mehr. Dafür ist es zu spät. Verflixt! Offenbar sind die Wirte in Niederösterreich also doch informiert, belesen und kennen Zeitungen. Die FPÖ allerdings nicht, sonst hätte die Partei gewusst, dass weder die *NÖN* noch die *Bezirksblätter* eine Wochenendausgabe haben.

Lassen Sie sich abschließend Folgendes versichern: Österreich bleibt Schnitzel! Gemeinsam schaffen wir die siebte Million mittelroher Fleischschnitten (in der Feindpropaganda der Alliierten als „Steak" bezeichnet, Anm.)! Ab 5:45 Uhr wird zurückgegessen!

„Kann nicht an alles denken“: Raab hat auf Frauentag vergessen

Foto: Hans Klaus Techt / APA / picturedesk.com

Das kann bei einem so dichten Terminkalender schon einmal passieren! Frauenministerin Susanne Raab hat auf den heutigen Weltfrauentag vergessen. Es ist ein kleiner Fauxpas, der einmal mehr zeigt, wie wenig Zeit für die unwichtigen Dinge des Lebens bleibt, wenn man ein Land mitregieren und wirklich wichtige Dinge entscheiden muss.

WIEN – „Herzlichen Glückwunsch, happy 8. März“, wird ÖVP-Ministerin Susanne Raab auf dem Weg zum Ministerium von einem jungen Mann gegrüßt. „Danke, aber ich hab heute nicht Geburtstag. Erst am 20. Oktober“, lächelt die Ministerin und geht kopfschüttelnd weiter.

Im Ministerium wiederholt sich die Szene mit einer jungen Frau. Raab schlägt stirnrunzelnd in ihrem Kalender nach. „Irgendwas ist heut … Ah, jetzt weiß ich’s wieder“, sagt sie und tippt auf den 8. März. „Na klar! Wie konnte ich das vergessen: Johannes von Gott, der Ordensstifter der Barmherzigen Brüder, hat Namenstag. Guter Mann, ich bete für ihn, aber jetzt muss ich weiter.“

Gratulationen

„Heute ist ein sehr wichtiger Tag für uns alle. Happy 8. März", begrüßt Raab ihre Mitarbeiter:innen beim Jour fixe. „Johannes von Gott, eine Legende. Alles Gute! Bitte vergesst keinesfalls, heute allen Johannessen zu gratulieren, die ihr kennt. Aber der 8. März ist kein reiner Tag der Freude, es gibt auch sehr ernste Themen zu besprechen."

Ihr gesamtes Team atmet auf, Raab hat ihre Mannschaft offenbar nur auf den Arm nehmen wollen. Die Ministerin steht auf und wird ernst: „Ich bitte um eine Schweigeminute. Der 8. März ist auch der Todestag von Ferdinand Graf von Zeppelin, Erfinder des Zeppelins. Ein ganz großer Mann!"

Im Team macht sich Ungeduld breit. Einer Mitarbeiterin reicht es: „Susanne, heute ist der internationale Frauentag! Was machen wir als Frauenministerium?" Raab beginnt zu lachen. „Frauentag? Sowas gibt's? Na ja, die Feiertage der jungen Leute werden auch immer skurriler. Letztens haben wir ja auch eine Instagram-Story zum Welt-Capybara-Tag gehabt. Aber das gehört heute einfach dazu. Weltfrauentag ... hm ... Soll ich für TikTok was bügeln?"

Sie nickt ihrer Praktikantin zu. Das ist das Signal, ein liebloses Posting zum Weltfrauentag für Instagram zu erstellen. „Aber mach auch ein Posting zu Ferdinand Graf von Zeppelin. Ich will keinen Shitstorm von der Zeppelin-Bubble. Das sind wirklich einflussreiche Männer."

Gerechtigkeit

Raab wirkt nachdenklich. Etwas arbeitet in ihr. „Brauchen wir wirklich für alles einen Tag? Was ist mit den tüchtigen Unternehmern im Land, die Arbeitsplätze schaffen? Und was ist mit den Männern, die uns immer pragmatische Lösungen auf unsere emotionalen Probleme liefern? Wann ist Weltmännertag? Männerwoche? Jahr des Mannes?"

Die Ministerin seufzt resigniert. Nach Jahren in der Politik hat sie längst gelernt, nicht jede Ungerechtigkeit an sich rankommen zu lassen, sondern professionelle Distanz zu wahren.

Den Weltfrauentag hält Raab für das falsche Signal an das „schwache Geschlecht" (Zitat: Webseite des Frauenministeriums). „Da glauben wieder ein paar hysterische Emanzen, die nicht arbeiten wollen, man muss ihnen irgendwie huldigen. Reicht es nicht schon, wenn die Frauen drei Tage im Monat ineffizienter arbeiten wegen dieser Mannstruation oder wie das heißt?“

Doch heute bleibt keine Zeit für theoretische Überlegungen. Raab verabschiedet sich bei ihrem Team. Zu viele wichtige Termine stehen noch an: ein Mittagessen mit Männerrechtlern, ein Treffen mit dem Chef der Bäckerei *Der Mann*, ein Besuch in der *Manner*-Fabrik und ein Abendessen (Mangalitza-Schwein auf Mango-Mandarine-Mandel-Spiegel) mit ihrem Mann in Mannswörth.

POLITIK 11. März 2024

ÖVP schockiert: Ist leistbares Wohnen für Salzburger wichtiger als Genderverbot?

Foto: Maria Wallner/CC, Dragan Tatic/BKA (M)

Wie kann das sein? Salzburgs Bevölkerung scheint für die Botschaften der Volkspartei nicht empfänglich zu sein. Und das, obwohl der Kanzler seit Monaten auf das wichtigste Thema der Gegenwart setzt: das Genderverbot. Trotzdem wählte die Stadt an der Salzach gestern rot. Ist den Menschen ein Dach über dem Kopf am Ende des Tages wichtiger als ein Sternchen-Satzzeichen auf der Tastatur?

SALZBURG – ÖVP-Spitzenkandidat Florian Kreibich schleicht aus seinem Büro. Er hat heute Nacht keine Sekunde geschlafen. „In Salzburg geht ein Gespenst um, das Gespenst des Gendergagas", sagt er und sieht sich paranoid um. Die Schwarzen sehen heute rot.

Trotz allem ist es heute früh erstaunlich ruhig in der Stadt: Es brennen noch keine Villen, die Produktion der Mozartkugeln wurde noch nicht kollektiviert, der Wegscheider-Kasperl sitzt noch nicht im Gulag, und Kay-Michael Dankl hat sich – Stand 11 Uhr – noch nicht zum Generalsekretär des Rates der Volksrepublik Salzburg ausrufen lassen. Sogar der Billa hat noch Bananen.

Gremien analysieren

„Die Gremien müssen analysieren, warum den Salzburgern leistbares Wohnen plötzlich wichtiger ist als ein Genderverbot", so Kreibich ratlos. Nachwahlbefragungen ergaben: Ein Hauptmotiv für viele Wähler:innen waren die hohen Mieten. „Jetzt müssen wir nur mehr herausfinden, was ein ‚Mieten' ist. Hat das was mit der Mietrendite zu tun? Die ist doch eh so hoch wie nie zuvor … Wieso wird einem das vom Volk nicht gedankt? Es geht uns einfach zu gut."

Er warnt nun vor Zuständen wie in Pjöngjang, Havanna, Caracas oder gar Graz: „Das Letzte, was wir brauchen, ist ein Bürgermeister, der sich um leistbaren Wohnraum kümmert, einen Teil seines Gehalts spendet und dann auch noch Weltbürgermeister des Jahres wird." Kreibich unterdrückt seine Tränen. Er macht sich Sorgen um seine schöne, idyllische, für den Pöbel unleistbare Heimatstadt.

Schockstarre

Einige hundert Kilometer weiter östlich. Hier, in der Wiener ÖVP-Zentrale, liegt ÖVP-Kommunikationschef Gerald Fleischmann in Embryonalstellung unter seinem Schreibtisch und kaut an seinem Montblanc-Kuli. Der Polit-Veteran ist mit seinem SNU (Strategisch notwendiger Unsinn) am Ende. Um sich zu beruhigen, riecht er an einer Haarlocke von Sebastian Kurz, die er immer in seiner Brusttasche trägt.

„Wie kann das sein?", murmelt er immer und immer wieder. „Wieso ist den Menschen Wohnen wichtiger als der Woke-Wahnsinn? Wenn dem Volk die Miete zu hoch ist, soll es doch Eigentum kaufen. Aber wir müssen uns gegen bevormundende Sprachvorschriften wehren, und zwar mit eigenen Sprachvorschriften. Es beginnt mit einem Sternchen – und endet mit einem roten Stern." Er bekreuzigt sich.

Nehammer bleibt zuversichtlich

Bundeskanzler Karl Nehammer will von seinem Kurs trotz der Niederlage nicht abrücken: „Alle fünf ÖVP-Wähler in der Stadt Salzburg haben in der Wahlbefragung verraten, ihre größte Zukunftsangst sei, dass in den Winnetou-Filmen nur mehr genderfluide Indianer auf Cowgirls schießen dürfen und in Unisex-Tipis schlafen. Leider sind am Weg zur Urne angeblich vier von ihnen an Altersschwäche gestorben. Nur ein Zufall oder das Werk von Partisanen?"

Nehammer versteht die Welt nicht mehr. Er betrachtet das Foto von Kay-Michael Dankl: „Hier sieht man ganz klar, was der Kommunismus mit einer freien Gesellschaft anrichtet. Der Mann muss mit seinem Baby zur Wahl gehen. Unmenschlich! Wo ist die Frau? Wohl nicht am Herd, sondern irgendwo brunchen mit ihren kommunistischen Freundinnen nach dem Lenin-Yoga."

Die ÖVP werde auch im Nationalratswahl-Wahlkampf ihre Anti-Frauen-Politik fortsetzen. Nehammer lächelt: „Laut Statistik ist fast die Hälfte der Bevölkerung Männer, wenn ich die alle abhole, habe ich die Absolute."

Umfrage: Österreicher essen lieber das da als Laborfleisch

Foto: Rainer Zenz / Wikimedia

Laut einer neuen Umfrage zeigen sich nur 42 Prozent der Menschen in Österreich offen für Laborfleisch. Sie wollen lieber konventionellen Fleischprodukten aus garantiert natürlicher, regionaler Vollspaltenbodenhaltung die Treue halten. Denn da sei einfacher nachzuvollziehen, aus welchem dystopischen Massentierhaltungsbetrieb das Produkt kommt.

LANGENLOIS – „Das ist ein Stück Heimat", sagt der Heurigenbesitzer Hubert Hirsch und klatscht eine braune Presswurst auf den Tisch, die minutenlang vor sich hin wackelt. „Schauen Sie sich das an, bitte! A Traum! Das sind die letzten Zuckungen. So muss eine Presswurst ausschauen: das Herz vom Schweinderl, der Kopf fein ummantelt von natürlicher Gelatine, so, wie es der Herrgott will."

Hirsch wird emotional. „Die wollen uns das wegnehmen, die Regierung, die Chinesen, die da oben oder da drüben halt. Die anderen, die ohne Mistgabeln, die mit die Stäbchen." Eine Träne läuft über seine Wange. Seine Frau tupft sie ihm liebevoll mit der Presswurst ab. Wird all das bald ersetzt durch Laborfleisch, für das kein Tier leiden musste? „Dabei sind es doch erst die Angsthormone und das

Adrenalin vor der Schlachtung, was des Schweinderl so richtig sche saftig macht …"

Labor-Sulz

Bauernvertreter im ganzen Land warnen bereits vor der sogenannten „Labor-Sulz", die „von wirr kichernden Forschern mit aufgestellten langen weißen Wuschelhaaren" (Zitat: Landwirtschaftsminister Totschnig) synthetisch im Reagenzglas herangezüchtet wird. Eine Zulassung für heimische Feinkosttheken könnte Konkurrenz für nationale Schweinemastbetriebe bedeuten.

Das Horrorszenario: Die globale Presswurst-Wirtschaft wird bald von wenigen, mächtigen Presswurst-Start-ups aus dem Silicon Valley oder kommunistischen Sulz-Konzernen aus Shenzhen kontrolliert.

Bizarre Besichtigung

Erstmals seit Amtsantritt tritt Landwirtschaftsminister Herbert (oder so, das googlen wir jetzt nicht extra, Anm.) Totschnig vor die Kameras. „Die Menschen wollen lieber Fleisch aus unseren bäuerlichen Familienbetrieben und unserer natürlichen Lebensmittelproduktion", erklärt er bei einer Besichtigung eines Massentierhaltungsbetriebs in der Steiermark, während er auf einem sieben Meter hohen Haufen aus Kot und toten Ferkeln steht.

Mehrere Kameraleute werden bewusstlos vom Gestank. Totschnig atmet tief ein: „Mmmh! Riechts ihr das? Das ist der Duft der Heimat! So schmeckt echte Natur, liebe vom Fleisch fallende Quinoa-Qualzucht-Hafermilch-Lobby!"

Totschnig schüttelt sich angeekelt: „Wie sieht's überhaupt mit den Hygienebedingungen in so einem Fleischlabor aus? Werden da dieselben Standards eingehalten wie in einem AMA-Betrieb? Sind mindestens acht Forscher eingepfercht in ein Drei-Quadratmeter-Kammerl? Und stehen sie eh in ihrem eigenen Kot? Knabbern sie sich überhaupt gegenseitig an? Fressen sie in der Mittagspause genug Antibiotika? Da sind viele Fragen offen."

Gesunde Presswurst

Das Landwirtschaftsministerium wirbt für das „virale Trendgericht" (bml.gv.at) Presswurst. In einer eigenen Broschüre informiert man über die wohlbekömmlichen Transfette und die gesunden Vitamine im grobfaserigen Separatorenfleisch. „Durchschnittlich hätte das Gericht einen Nutri-Score von C bis D, höchstens X oder Y", erklärt die Webseite des Ministeriums. Damit schneidet es besser ab als 95 Prozent der übrigen heimischen Kost.

Die Landwirtschaft steht vor einem Umbruch. Auch Minister Totschnig selbst könnte bald durch einen künstlichen Laborminister ersetzt werden. „Hier kommt gerade der Prototyp frisch aus der Produktion", lächelt ein Techniker von Playmobil und hält eine kleine Bauernfigur in die Höhe. „Hat exakt das gleiche Charisma und die gleiche Kompetenz wie Totschnig, kostet nur einen Bruchteil – und ist von der Landwirtschaft noch leichter zu steuern."

LEBEN 15. März 2024

Statt he/him: Wiener besteht auf Pronomen dipl/ing

Foto: Depositphotos.com

Nimmt die woke österreichische Titelgeilheit gar kein Ende? Der Wiener IT-Techniker Georg Schneider besteht im zwischenmenschlichen Umgang darauf, mit den korrekten Pronomen angesprochen zu werden. Statt he/him identifiziert er sich– für Österreich typisch – als dipl/ing. Und das, obwohl er eigentlich nur einen Hauptschulabschluss hat.

WIEN – „Herr Schneider?“, hallt es durch das Wartezimmer der Arztpraxis. Die Augenlider von Schneider beginnen zu zucken. Schon wieder wurde der IT-Techniker aus Simmering als „Herr“ bezeichnet, obwohl er sich eindeutig als „Dipl. Ing.“ fühlt, wie an seiner Cordhose und der Extrawurstsemmel in seiner Hand ersichtlich ist.

Situationen wie diese sind trauriger Alltag für den gebürtigen Wiener: Denn viele Mitmenschen respektieren seine Identität nicht. „Sie nehmen einfach meinen Bildungsstand an, ohne nachzufragen. Wie respektlos.“

Kein Verständnis

Schneider hat kein Verständnis für Menschen, die ihn misstiteln. Seine Pronomen hätte er für jedermann sichtbar in seine Instagram-Bio und auch per Sticker auf seinen VW Passat geschrieben. Trotzdem begegnet der Wiener immer wieder rücksichtslosen Mitmenschen, die ihn und seine Identität nicht respektieren. „Letzte Woche hat mich die Kassiererin beim Spar als dahergelaufenen einfachen Ingenieur betitelt, ein Affront gegen mich und die gesamte BaMagDrProf+-Community!“

Was Schneider jedoch ablehnt, sind Pronomen ohne Titel. „Mit diesem Woke-Wahnsinn von den Jungen kannst mich davon jagen. He? She? They?“, schüttelt der Techniker den Kopf. „Diese faschistischen genderwahnsinnigen Sprachvorschriften lehne ich ab. Das verstümmelt nur die Sprache und macht sie unverständlich. Dazu gibt es eine spannende Studie von Univ. Prof. DDr. MMMag.iur.eco. soc. Dkfm. Henrik Neumayer.“

Doch der Wiener weiß, auch in der Titel-Community gibt es schwarze Schafe. Radikale Titelextremisten auf Twitter würden etwa die Anerkennung ihrer Adelstitel wie Erzherzog, Kurfürst oder Pfalzgräfin fordern. Das gehe vielen in der Bevölkerung allerdings zu weit und sorge für weniger Akzeptanz gegenüber anderen Titelträgern. „Von diesen Spinnern mit ihrem blauen Blut und ihren Fantasiepronomen distanziere ich mich natürlich!“

Schwierig für Umfeld

Auf der Universität war Schneider nie. Irgendwann, mit zwölf, hatte er dann sein Coming-out. „Ich habe meinen Eltern erklärt, ich will nicht für die Mathe-Schularbeit lernen, ich identifiziere mich fortan als Diplom-Ingenieur. Leider konnten sie es lange nicht akzeptieren. Sie meinten, das geht nicht, wenn man die Hauptschule abbricht." Es sind klassische Vorurteile wie diese, mit denen Schneider täglich konfrontiert ist.

Zuhause bei seiner Familie wird der Simmeringer so akzeptiert, wie er ist. „Klar, ab und zu schaut meine Frau schief, wenn ich beim Winnetou-Buch vorne noch ein Dr. Winnetou dazuschreibe. Aber ich will halt, dass meine Kinder mit österreichischen Werten aufwachsen und von früh auf vermittelt kriegen: Das Geschlecht und die Hautfarbe sind egal, alles, was zählt, ist der Titel."

Österreich als Vorreiter

Auch auf offiziellen Formularen, am Meldezettel und im Reisepass, sollen Österreicher:innen bald die Möglichkeit bekommen, aus 46 verschiedenen Titel-Pronomen auswählen zu können. „Wir haben da jetzt dann Männlich, Weiblich, Divers, aber auch dipl / ing oder hof / rat. Oder für die, die es wirklich schwer im Leben haben, weil sie nirgends dazu gehören und keine Lobby haben, auch ein mag / fh", freut sich Sachbearbeiterin Anna Schnöll vom Magistrat Margareten.

Die BaMagDrProf+ Community wirbt im Zuge dessen für mehr Akzeptanz von individuellen Titelidentitäten. Für Juni ist eine Titel-Parade durch ganz Wien unter dem Motto „So viel Zeit muss sein!" geplant. Die Organisatoren rechnen mit Tausenden Besuchern aus ganz Europa. Sogar selbsternannte Grafen oder Kurfürsten aus den Bundesländern werden erwartet.

Excel-Fehler: Babler wird neuer russischer Präsident

Foto: Helmut Fohringer / APA / picturedesk.com (M)

Lange sah Wladimir Putin bereits wie der sichere Sieger aus. Doch offenbar wurden bei der Auszählung die Stimmen in einer Excel-Spalte vertauscht. Der neue russische Präsident heißt nun Andreas Babler. Der lenintreue Kommunist aus dem westrussischen Oblast Njdrestaraich zeigt sich überglücklich.

MOSKAU – Wahlvorsitzende Ewa Grubesova sitzt mit bleichem Gesicht vor dem Laptop. „Es tut mir leid Wladimir, ich hab E3 mit D3 vertauscht. Zu viel Wodka … Kann passieren, oder?", lächelt sie unschuldig. Dann läuft sie schnell aus dem Büro, bevor Putin ein Fenster öffnen kann.

Der nunmehr offenbar Ex-Präsident streichelt die weiße Katze auf seinem Schoß und starrt mit zusammengekniffenen Augen zuerst auf den Namen „Andreas Babler" und dann auf den roten Knopf auf seinem Tisch.

Neuer Präsident

Doch wer ist der neue Präsident Russlands? „I bin's da Andi, grias eich, gfreit mi, Andi. Babler. Andi Babler. Sagts Andi zu mir. Oder

Babi. Oder Ändy. I bin ana vo eich. A gmiatlicha russischer Kuschelbär. A gonz normala Burgamasta", lächelt Babler, als er sich in Moskau der Duma präsentiert.

Geschickt versteht er es, die russische Nation abzuholen. „Also da Andi, also i, i find quasi, dass die EU des aggressivste Militärbündnis is, oder? Samma da eh auf ana Wellenlänge?" Babler lächelt, die russischen Politiker stehen auf und applaudieren. Die russische Nation sieht einen Mann, der da angekommen ist, wo er schon lange hingehört.

Kreml-treue Heimat

Bablers politische Heimat ist der Oblast Njdrestaraich. Bis dato gehörte sie zu den Kreml-treuesten Regionen. 98 Prozent des Gasverbrauchs werden mit russischen Lieferungen gedeckt, der Sicherheitsapparat und das Parlament sind längst mit Organen des russischen Geheimdienstes FPÖ unterwandert, der Provinzgouverneur Nehammerov hat Putins Privatnummer auf Kurzwahltaste 1.

Der Neo-Präsident will trotz seiner neuen Aufgabe Bürgermeister in Traiskirchen sowie SPÖ-Vorsitzender und Spitzenkandidat für die kommende Nationalratswahl bleiben. „Seids eich sicher, a Weltmacht durch an Krieg, a Rezession und a internationale Krise führen, geht sich für den Ändy Babler auch noch aus. Dann geh ich halt a Stunde später schlafen jeden Tag! Passt scho!"

Putin gratuliert

Putin selbst will seine Niederlage offenbar akzeptieren, wie er gestern im russischen TV verkündet hat. „Gratuliere, Andi, auf deine Gesundheit", lautete das kurze Statement. Laut Insidern habe Putin Angst vor einem offenen Konflikt mit Bablers Partei. „Einen Fight mit der SPÖ überlebst du politisch keine Woche", erklärt ein Kreml-Stratege. „Die Clans innerhalb der Partei agieren skrupelloser als jeder tschetschenische Warlord. Putin wollte den Kadyrow auf den Hergovich ansetzen. Zwecklos."

Sibiriens Landeshauptmann Hans Peter Doskonov, der ebenfalls kandidiert hat, akzeptiert das bittere Ergebnis. Doskonov gratuliert dem neuen russischen Machthaber und verspricht, in Zukunft kooperativ zusammenarbeiten zu wollen. Er zieht sich jetzt nach St. Hans-Petersburg zurück. Nur wenige Minuten nach Bekanntwerden des Ergebnisses erscheint jedoch ein langes Interview auf dem russischen Nachrichtenportal Ria Novosti, in dem Doskonov Babler „absolute Inkompetenz“ attestiert.

LEBEN 21. März 2024

Schock für Engelhorn: Bürgerrat investiert Millionenvermögen in Krypto

Foto: Alex Halada / picturedesk.com

Schock für Marlene Engelhorn: Der eingesetzte Bürgerrat investierte ihre 25-Millionen-Erbschaft zur Gänze in Kryptowährungen. Der Rat rechnet mit massiven Spekulationsgewinnen durch Investments in vielversprechende Projekte wie Dogecoin, Cardano und Shiba Inu – und damit mehr Geld für Charity.

WIEN – Der Bürgerrat tagt. „Das ist deppensicher! Jetzt steht das Halving an. Da wird jeder Bitcoin halbiert, danach geht fix alles durch die Decke“, liest ein Ratsmitglied aus einem *Standard*-Artikel vor. Es ist der erst 17. Bericht des Mediums über Krypto an diesem Tag. Die Teilnehmer nicken. Die Analyse klingt schlüssig.

„Klarerweise diversifizieren wir“, versichert Vorsitzender Reinhold Gärtner und verweist auf das Portfolio. „Dogecoin, Bitconnect, Blümelcoin, Elonsperm und nur ein bisschen Bitcoin, weil man ja immer überall liest, dass Bitcoin so volatil sei. Das haben wir natürlich im Blick." Alle Gewinne sollen abzüglich einer Managementgebühr und Ertragsprovision zur Gänze wohltätigen Zwecken zufließen.

Auch von ZIB 2-Anchor Armin Wolf und Armin Assinger, die auf Social Media ihre geheimen Investmentstrategien bewerben, will der Bürgerrat Tipps einholen. Außerdem wurde ein Seminar in der Investement-Punk-Academy gebucht. „Dort lernen wir, wie wir unsere Krypto-Gewinne steuerschonend in Ein-Zimmer-Wohnungen in Dubai anlegen, denn Steuern sind Raub."

Nicht alle Mitglieder sind auf einer Linie. Zur Diskussion steht auch der Bau eines dringend benötigten Kinderkrankenhauses in der Dürre-Region Namibias sowie die Optionen „Sauerteigbrot bei Joseph Brot kaufen" und „Beteiligung an der Signa Prime". Letzteren Vorschlag befürworten nur die zwei Bürgerratsmitglieder Alfred G. und René B.

ÖVP erleichtert

ÖVP-Generalsekretär Christian Stocker kann der Engelhorn-Aktion nach anfänglicher Kritik nun Positives abgewinnen. „Uns ist eigentlich egal, was mit dem Geld passiert, solange es nicht nach unten umverteilt wird. Wir sind froh, dass Frau Engelhorn zur Vernunft gekommen ist." Die Partei will ihre Strafanzeige wegen kommunistischer Wiederbetätigung nun zurückziehen.

Investment

Schließlich steht der Beschluss fest. Jetzt ist es soweit: Vorsitzender Reinhold Gärtner öffnet die Banking App am Handy und gibt den PIN ein, den er von Stifterin Marlene Engelhorn am Vortag erhalten hat. Wenige Sekunden später liegt das Geld bei der maltesischen Kryptobörse *bitcoin-very-serious-not-scam.com*.

Blitzschnell tippt Gärtner am Smartphone-Display herum. „So, Dogecoin all in, dann Cryptodickbutt shorten, Option auf Shitcoin Cash mit 20 mal Hebel, aaaaaand it's gone." Er schließt seinen Laptop, im Saal herrscht betretenes Schweigen. „Na ja, vielleicht läuft es beim nächsten Mal besser."

Geschenksackerl nur Anfang: Wiener Polizei beginnt Ostereiersuche in russischer Botschaft

Foto: Lennart Preiss / dpa / picturedesk.com

Mehrere Wiener Polizisten erhielten Geschenksackerln von der russischen Botschaft. Nun lädt die Vertretung Russlands zu einer fröhlichen Ostereiersuche im Garten des Botschaftsgebäudes. Die Landespolizeidirektion kann keinen dienstrechtlichen Verstoß erkennen.

WIEN – „Adler 3 an Iwan 1: Wo ist jetzt das Nest mit der Schoki? Ich schwitz schon ur, over", seufzt ein schmollender Polizist in sein Funkgerät. „Hast du da hinten schon einmal gesucht?", fragt der russische Botschafter zwinkernd. „Ich hab von dem Osterhasen ein Geständnis rausgeprügelt, das auf ein prallgefülltes Nest dort unter dem Brombeerstrauch hindeutet." Mit strahlenden Augen nimmt der Beamte die Ermittlungen im Gebüsch wieder auf.

„Kalt, kalt, ganz kalt, sibirisch kalt, so kalt wie Nawalny, da bitte auf keinen Fall", schreit der Botschafter. Der Polizist hat zufällig hinter dem Gebäude drei Gräber entdeckt und legt interessiert die Erde frei. „Da ... da kühlen wir nur den Wodka für später ein. Geh mal dort rüber, da hat der Osterhase was versteckt."

Endlich findet der Beamte sein Nest und hält es stolz in die Höhe. „Woah, cool, eine Matrjoschka-Puppe, gefüllt mit einer kleinen Wodka-Flasche und einem Streaming-Gutschein für Njetflix. Ein Traum! Ma danke!“ Er fällt dem Botschafter in die Arme, mehrere Wangenbussis folgen.

Familiäre Atmosphäre

Es sind idyllische Szenen, die sich im Garten der Botschaft abspielen. Zwei WEGA-Beamte spielen Eierpecken mit russischen Securitys, eine Polizistin schält ein grüngefärbtes Ei, würzt es mit etwas Pfefferspray und verspeist es genüsslich. Ein Beamter sucht mit seinem Spürhund immer noch im Gebüsch.

Trotz der gelebten Neutralität sorgen die Bilder für Kritik. Doch die Landespolizeidirektion Wien kann keine Verfehlung erkennen: „Ein Schokonest, gefüllt mit Lindt, Milka oder Suchard, ist keine dienstrechtliche Verfehlung“, erklärt Sprecher Sebastian Alexander Repolusk. „Problematisch wird es erst ab Läderach. Da müssen dann 50 Prozent des Inhalts an den Landespolizeidirektor abgeliefert werden zur, äh, ordnungsgemäßen Vernichtung.“

Im Gegenzug für die versteckten Ostereier der Russen verstecken österreichische Beamte dafür regelmäßig Russen im Heeresnachrichtendienst.

Keine weiteren Konsequenzen

Das jährliche Wichteln im Dezember mit russischen Spionen sowie die Dienstreise in ein Foltergefängnis bei St. Petersburg will Polizeipräsident Pürstl nicht absagen. „Und wenn einem Beamten im Dienst ein Zahn ausgeschlagen wird, kann er ihn auch weiterhin bei der russischen Botschaft unter einen Polster legen und bekommt 100 Rubel von der Zahnbabuschka.“

Waffenverbot ab Samstag: Morgen letztes großes Battle Royale am Reumannplatz

Foto: Joseph Eid / AFP / picturedesk.com

Noch einmal so richtig auf den Putz hauen! Bevor am Samstag ein Waffenverbot am Reumannplatz in Kraft tritt, findet am morgigen Karfreitag noch ein letztes Battle Royale statt. Ab 19 Uhr heißt es dann: „Messer raus, alles ist erlaubt, außer Kratzen und Beißen", so das Innenministerium.

WIEN – Keine Messer, keine Pistolen, nicht einmal mehr Schlagringe: Wenn das Waffenverbot für den Reumannplatz in Kraft tritt, geht auch ein Stück Wiener Kulturgut verloren. Seit Jahrhunderten gilt der Ort als angesagte Location für Revierkämpfe, Mord und Totschlag. Schon die Osmanen machten bei der Türkenbelagerung an dieser Stelle kehrt, weil ihnen Kaffee und Kipferl geraubt wurden.

Mit der weitsichtigen Maßnahme von Innenminister Gerhard Karner wird das Thema Jugendgewalt nun aber ein für alle Mal aus der Welt geschafft. Favoriten soll ein austauschbarer Ort wie jeder andere in Österreich werden, wo Morde und sexueller Missbrauch ganz normal daheim in den eigenen vier Wänden passieren, wie sich das gehört.

Doch bevor es so weit ist, lädt Karner persönlich noch zu einem letzten großen Battle Royale. „Kommt alle her, bringt eure Freunde und Cousins mit! Es wird crazy“, zwinkert der Innenminister. Dem Gewinner winkt ein Meet-and-Greet mit dem Untersuchungsrichter und ein Welcome-Package von Karner persönlich in der Justizanstalt.

Enttäuschung

Unter Anrainern sorgt die Nachricht vom Waffenverbot für Enttäuschung. „Na geh, jetzt hab ich meinen Wintermantel bereits verstaut und wollte meine lockere Übergangsstichschutzweste anziehen“, erklärt Anwohner Peter Fasching.

Auch ansässige Unternehmer:innen haben Sorge, dass sich das Waffenverbot negativ auf ihr Geschäft auswirken könnte. „Ich hab gerade erst eine neue Lieferung Macheten ins Lager geräumt, und auf meinen Mittelstreckenraketen werd ich jetzt wohl auch sitzen bleiben“, ärgert sich Mohammed, der seit Jahren einen Handy-Computerzubehör-Vape-Western-Union-Barber-DPD-Paketshop auf der Favoritenstraße betreibt.

Ultima Ratio

Ab Samstag 00:00 Uhr ist dann Schluss mit lustig. „Ich wollte nie, dass es so weit kommt“, seufzt Karner. „Aber gegen Jugendbanden, die sich über alle Gesetze hinwegsetzen, helfen nur strenge Gesetze. Ich spreche aus Erfahrung. Wie Sie wissen, haben wir parteiinterne Probleme mit der kriminellen Jugendbande JVP.“

Den jungen Tätern bleibt keine Wahl. „Scheiße, Oida, na gut“, sagt Dominic (13), als er die Verordnung auf der Webseite des Innenministeriums liest. „Eine Verwaltungsübertretung nach § 84 Abs. 1 SPG ist das Letzte, was ich will. Dann mach ich eben jetzt Lehre zum Bankkaufmann.“ Er wirft seine AK-47 in den Mistkübel und bindet sich eine Tchibo-Krawatte um. Jugendkriminalität ist für immer Geschichte. Das Problem wurde endlich an der Wurzel gepackt.

„Haben Russland im Griff“: Österreichs Spionageabwehrchef Waldemar Puttinger beruhigt

Foto: Die Tagespresse

Es sind wohltuende Worte! Inmitten des größten Spionageskandals der vergangenen zwei Wochen gibt Spionageabwehrchef Waldemar Puttinger nun Entwarnung: Die österreichischen Geheim- und Nachrichtendienste haben die Bedrohung aus Russland vollständig unter Kontrolle.

WIEN – Waldemar Puttinger sitzt mit Kopfhörern in seinem Büro und zwirbelt konzentriert seinen Schnauzer. Er hört gerade den Feind ab. Der Spionagechef hält sein Richtmikrofon auf seinen Laptop, auf dem gerade FPÖ-TV läuft. „Wieder einmal nur Fakten, die von allen anderen Medien verschwiegen werden. Keine russische Propaganda feststellbar. Beruhigend.“ Puttinger nimmt die Kopfhörer ab, testet seinen Kaffee auf Nervengift und nippt zufrieden daran.

„Die Situation im Oblast Österreich ist absolut sicher. Keine Sorge, der russische Bär wird uns nicht beißen“, bekräftigt er, richtet sich seinen Tirolerhut und zupft die Lederhose zurecht. Neben ihm steht Bundeskanzler Karl Nehammer, der die Sicherheit Österreichs zur

Chefsache erklärt hat. „So ist es. Notfalls rufe ich den Herrn Putin persönlich an oder besuche ihn wieder unangekündigt, während er gerade nur in der Unterhose die Judo-WM schaut."

Vertrauensvoll nickt Nehammer seinem Spionageabwehrchef zu. Es sind wohltuende Worte nach den grotesken Enthüllungen der vergangenen Tage. Die beiden schütteln einander die Hände, sie drücken dabei so fest zu, dass sie blau werden.

Signal an Partner

Puttinger bekräftigt: „Die Geheimdienste der imperialistischen NATO-Marionettenstaaten können ganz unbesorgt sein und weiterhin alle Geheimnisse mit uns teilen, etwa die aktuelle Position aller US Atom-U-Boote, die Magazinierung von Luftabwehrbatterien in Polen, oder ob der Eurofighter für heuer wirklich kein Pickerl mehr von der Werkstatt kriegt."

Der Chef räumt jedoch ein, dass die russische Föderation eine sehr mächtige Weltmacht ist, mit der man sich keinesfalls anlegen sollte. „Im Prinzip besetzt Österreich Land, das historisch zu Russland gehört, 1913 besuchte Stalin ja einmal Wien. Deshalb ist es besonders wichtig für die Sicherheit des Landes, dass wir den unbesiegbaren russischen Bären nicht provozieren. Vielleicht sollten wir unsere Neutralität unter Beweis stellen und Russland die Donauinsel überlassen, ah, zurückgeben, nur so eine Idee."

Sicherheitsstufe rot

Der Skandal um Egisto Ott, Martin Weiss und Jan Marsalek soll sich nicht wiederholen. Österreichs Spionageabwehr muss hochgefahren werden. Erste Anweisungen von Puttinger umfassen etwa das Löschen des Kremls aus dem internen Mailverteiler, das Ändern des Passworts für das Datenregister von „Passwort123" auf „Passwort1234" und die Erweiterung des fünfköpfigen Spionageabwehrteams um eine Praktikantin.

Weiters hat sich das Team um den Wiener Russlandexperten Lergey Savrov für die Amateurmeisterschaften im Tischfußball qualifiziert. „Die Abteilung hat monatelang trainiert und muss sich jetzt auf die Gruppenphase vorbereiten", erklärt Puttinger. Die Ermittlungen rund um Ott wurden in der Zwischenzeit an die SOKO FSB (Fantastische Spionage-Bekämpfung, Anm.) übergeben.

Überraschungsbesuch

Ein ganz normaler Tag geht zu Ende. Abends schaut noch kurz die Kanzlergattin Katharina Nehammer vorbei. Puttinger freut sich: „Ekaterina! Frohe nichtorthodoxe Ostern nachträglich, schau mal, Väterchen Frost-erhase war da." Er überreicht ihr in einem Geschenksackerl einen Gutschein von einem Kanu-Verleih in Klosterneuburg.

„Viel Spaß, bitte nimm deinen Ehemann mit, den Sobotka, den Haijawi-Pirchner, den Oberst Reisner und gerne auch den Babler und den Kogler. Und bitte vergessts die Handys nicht – wegen der schönen Fotos vom Wasser. Schiff ahoi!"

POLITIK 4. April 2024

Russen-Spionage: FPÖ schweigt erstmals zu Ausländern, die zum Einbrechen nach Wien kommen

Foto: Dalex Halada / picturedesk.com

Russische Agenten brachen in Wien in die Wohnung eines Journalisten ein und stahlen einen Laptop und USB-Sticks. Die FPÖ meldete sich bis jetzt noch nicht zu Wort und schreibt damit Parteigeschichte: Erstmals schweigt die Patriotenpartei

zu Ausländern aus Osteuropa, die zum Einbrechen die Festung Österreich heimsuchen.

WIEN – Es ist heute merkwürdig still in der Festung Österreich. Bis 16 Uhr lag noch keine Einladung zur Eil-Pressekonferenz von Herbert Kickl vor. Es wurde keine Demo am Viktor-Adler-Markt angemeldet. Und auch FPÖ-TV unterbrach das aktuelle Programm (*Ivermectin-Einläufe gegen 5G-Impfschäden im Test*, gefolgt von *Fit mit Hitlergruß-Andi*) noch nicht für eine Sondersendung.

Und das, obwohl nachweislich Ausländer aus dem Osten nach Wien kamen, um in eine Wohnung einzubrechen und außerdem Handys zu verscherbeln, die in Wien-Floridsdorf gestohlen wurden. Hat die Patriotenpartei den Kampf gegen Ausländerkriminalität etwa aufgegeben?

Mahnende Worte

DIE**TAGESPRESSE** stellt FPÖ-Chef Herbert Kickl zur Rede. „Billige Hetze und stumpfer Populismus bringen doch nichts", mahnt er. „Als Gesellschaft müssen wir uns gegen die Versuchung wehren, jetzt eine ganze Gruppe auf Basis eines einzigen, kleinen, harmlosen Verbrechens zu diskriminieren und zu pauschalisieren. Der Laptop war ja eh schon alt, und es zahlt doch die Haushaltsversicherung."

Kickl fordert mehr Toleranz gegenüber russischen Agenten: „Die Herkunft ist doch egal. Ob Moskau, St. Petersburg oder Omsk. Wir müssen uns ehrlich fragen: Was haben wir da bei der Integration falsch gemacht? War der Freundschaftsvertrag mit Putin nicht freundlich genug? Müssen wir die Amtssprache auf Russisch ändern? Wieso müssen diese Leute illegal nach Wien kommen? Wieso bekommen sie nicht ganz normal eine Arbeitsgenehmigung beim österreichischen Geheimdienst?"

Er fordert die Eröffnung eines sicheren Fluchtkorridors: die sogenannte Moskau-Route. „Viele Migranten müssen auf sehr unsichere, gefährliche Transportmittel zurückgreifen und nehmen die Flucht in einer Cessna auf sich, nur um das Land ihrer Träume zu erreichen. Das ist unmenschlich." Kickl schüttelt entsetzt den Kopf.

Land atmet auf
Österreich genießt unterdessen den ersten Tag seit Jahrzehnten ohne FPÖ-Hetze gegen Ausländer. Die Sonne scheint, die Menschen auf den Straßen lachen, die Stimmung ist positiv. Menschen aller Hautfarben umarmen sich, das Land atmet endlich auf.

Resozialisierung
Auch bei den einheimischen Häftlingen scheint die FPÖ ihre „Law and Order"-Politik aufzugeben. „Wichtig ist eine Resozialisierung. Die Haft hat noch nie jemanden zu einem besseren Menschen gemacht", erklärt Kickl, während er Egisto Ott in der U-Haft besucht. Kurz darauf verlässt Ott die Justizanstalt mit einem Geschenkssackerl der FPÖ, das prall gefüllt ist mit Bonbons aus St. Petersburg, einem Putin-Kalender und dem Reisepass eines russischen Priesters.

LEBEN 9. April 2024

Peinlich: Astrologin glaubt an Wirtschaftswissenschaften

Foto: depositphotos.com (M)

Obwohl es keinen empirischen Beleg für deren Wahrheitsgehalt gibt, glauben immer noch viele Menschen an den Humbug, den die sogenannten „Wirtschaftswissenschaften" von sich geben.

Besonders peinlich ist nun der Fall einer Astrologin aus Linz: Obwohl sie es als Leserin der Sternbilder eigentlich besser wissen müsste, schenkt sie den Prognosen von Wirtschaftsinstituten Glauben.

LINZ – „Das BIP steht im Aszendenten des Tourismus, dank der Pluto-Laufbahn wird es im zweiten Quartal um 0,4 Prozent wachsen, obwohl der Wassermann die Lieferketten belastet", heißt es in einer aktuellen Analyse des WIFO. Es ist kaum zu glauben, aber Tag für Tag schenken unzählige Menschen im ganzen Land diesen zumeist frei erfundenen Vorhersagen Glauben. Manche richten sogar ihr Verhalten danach aus.

„Viel zu lange hat man sich ja echt geschämt, das laut zu sagen", lacht Astrologin Katja Potensky. „Aber ich hab vor meiner Ausbildung zur Astrologin ein paar Semester an der WU Wien studiert. Ich weiß, was Sie jetzt denken, aber ich hab schon den Eindruck, dass an den Wirtschaftswissenschaften manchmal was Wahres dran ist, auch wenn das völlig crazy klingt und die meisten richtigen Prognosen natürlich Zufall sind."

Potensky wurde ihre Vorliebe für Ökonomie in die Wiege gelegt. „Ich bin leider Löwe und daher sehr leichtgläubig", gesteht sie und blättert durch die Prognose der Statistik Austria. „In Wahrheit weiß ich eh, dass das alles frei erfundener Hokuspokus ist, wahrscheinlich von irgendeinem Praktikanten. Das sagen mir die Sterne. Ich les es eher zur seichten Unterhaltung, am Nachmittag, beim Kaffee, wenn ich *Die ganze Woche* und das Fernsehprogramm ausgelesen habe."

Belächelt und verspottet

Potensky muss über sich selbst schmunzeln und zeigt uns ihre WU-Studienunterlagen. „In meinem Freundeskreis werd ich belächelt. Manchmal zieht man mich sogar richtig gemein auf, weil ich mich mit sowas beschäftige. Aber solange es mich glücklich macht, bleib ich den Wirtschaftswissenschaften treu."

Auch für die verwandte Fantasiewissenschaft BWL begeistert sich Potensky. Grinsend zeigt sie uns eine BCG-Matrix für strategische Managemententscheidungen. „Damit kann man die Sternzeichen der Produkte in einem Unternehmen bestimmen: Question Marks, Stars, Cash Cows und Poor Dogs, so heißen die Kategorien. Irgendwie lustig, oder? Das ist natürlich alles viel unpräziser als Astrologie, aber es ist eine nette Spielerei, die man dann nach der Uni als Beraterin für Fantasiesummen an strauchelnde Mittelstandsunternehmen verkaufen kann."

Gefährlicher Hokuspokus

Prominente Astrolog:innen wie Gerda Rogers warnen nun leichtgläubige Menschen wie Potensky vor Wirtschaftswissenschaften. „Finger weg! Das ist nur Geldmacherei, gefährlicher Hokuspokus, das hat mit der Realität nichts zu tun", erklärt sie. „Es tut mir leid, aber die Saturnbahn sagt mir, wer diesen Vorhersagen der Studierten Glauben schenkt, wird sein Geld verlieren."

Rogers nippt an ihrer Golden Milk und lächelt. „Investieren Sie lieber 5000 Euro in eine private Horoskop-Erstellung bei mir. Gegen Aufpreis erfahren Sie sogar die Lottozahlen und den Bitcoin-Preis nach dem Halving. Wenn Sie mich nicht buchen, wird Ihnen der rückläufige Merkur einen vermissten Angehörigen, ein überfahrenes Haustier und eine tödliche Erkrankung bescheren. Viel Spaß!"

LEBEN 15. April 2024

Weil er geimpft ist: Servus TV trennt sich von „Fit mit Philipp"

Foto: Günther Pichlkostner / First Look / picturedesk.com

Die Odyssee geht weiter! Philipp Jelinek sucht schon wieder nach einem neuen Zuhause für seine Fitness-Sendung. Nach dem Aus von *Fit mit Philipp* im ORF wurde er nun vor der ersten Sendung auch von Servus TV entlassen. Offenbar war er dem Sender nicht rechtsextrem genug, weil er geimpft ist.

SALZBURG – Intendant Ferdinand Wegscheider tritt in einer Sondersendung vor die Kameras. Mit versteinerter Miene legt er seinen Kasperl ab. Es ist der schwerste Auftritt in der Karriere der beiden bizarren TV-Clowns. „Ich muss Ihnen leider mitteilen, dass uns geheime Dokumente zugespielt wurden, wonach Philipp Jelinek geimpft ist. Er ist hiermit fristlos gekündigt und im Red Bull Freistaat Fuschl am See eine Persona non grata."

Ein Raunen geht durch die Menge. Unzähligen Servus TV-Mitarbeiter:innen steht der Mund offen, einige werden sofort ohnmächtig, andere brechen weinend zusammen. Betriebsarzt Dr. Sucharit Bhakdi nickt roboterhaft und deutet mit seinem Daumen nach unten. Dann zerreißt er mit versteinerter Miene und vor laufenden Kameras den Impfpass von Jelinek.

Nur durch Glück konnte der geimpfte Mitarbeiter Jelinek vor Vollmond aufgegriffen werden. „Nicht auszudenken, was passiert wäre, wenn er sich in einen Werwolf verwandelt und andere Mitarbeiter:innen mit seinen Pfizer-Beißzähnen verletzt hätte", schüttelt Wegscheider den Kopf, während er sich und seinen Kasperl im Genitalbereich mit Knoblauch einreibt.

Konzern bestätigt

„Wir bestätigen, dass das Dienstverhältnis wegen eines inakzeptablen Verstoßes gegen unsere Ethikrichtlinien aufgelöst werden musste", erklärt eine Pressesprecherin von Servus TV. „Wir wünschen Herrn Jelinek für seinen weiteren Weg als zwangsgeimpfter Genmutant und Knecht von Bill Gates im New World Order alles Gute, ehe er dann spätestens im September tot zusammenbricht. Frohe Weihnachten und einen schönen Great Reset!"

Energetische Reinigung

Die Servus TV-Redaktion wird derzeit von der renommierten Schamanin Hertha aus Eugendorf energetisch gereinigt. Die hauptberufliche Kindergärtnerin schüttelt fassungslos den Kopf. „Also sowas hab i überhaupst noch nie gseng! Da schwirren überall die Impfpartikeln herum. Wenn du die einatmest, na vü Spaß, da kann dich der Herr Soros von seinem Ostküsten-Anwesen aus mit einem Playstation-Controller steuern. Des hab i auf Servus TV gesehen. Des wünsch i wirklich niemandem." Sie mischt ein paar aufgeschwungene Delfinessenzen gemeinsam mit Stierhodenpulver in eine Dose Red Bull und gießt sie über Wegscheiders Kopf.

Nachfolger gefunden

Die mit Jelinek geplante Show übernimmt Felix Baumgartner. „I tu zeigen tun, wie bleib i –bleibt man – fitti im Schritti und im Schädelchen drinni", lächelt der Salzburger bei der Aufzeichnung der Pilotfolge. Dann präsentiert er seine erste Übung: „Der fliegende Volltrottel, gemma!" Er klettert im Studio in die Lichttechnik und springt kopfüber in den Fliesenboden.

„Achtung, das kann machen Aua im Gehirn! Zum Glück bin ich sicher", lacht er und schüttelt den Kopf, drei Kugelschreiber fallen ihm aus den Ohren und den Nasenlöchern.

Berufliche Neuorientierung

Der Parkplatz vor der Redaktion hat sich geleert. Nur Philipp Jelinek hievt noch Umzugskartons in den Kofferraum seines Autos. Sie sind prall gefüllt mit Arbeitsmaterialien: Hanteln, Resistance Bands, Proteinpulver. „Ich Trottel hab echt gedacht, ich bin rechts genug für Servus TV ... Ich war so naiv. Dabei hat mich der Hatze eh gewarnt vor den Nazis in Salzburg ..." Jelinek schüttelt den Kopf. Seine Reise geht weiter.

„Ich glaub, ich lass das bleiben mit dem Fernsehen. Ich will mich mehr auf das Kuchenverteilen konzentrieren." Er lächelt trotzig-optimistisch. „Ich hab morgen ein Bewerbungsgespräch in einer Aida-Filiale."

Unterlagen vor Rede vertauscht: Kickl liest im Nationalrat versehentlich Nowitschok-Formel vor

Foto: Tobias Steinmaurer / picturedesk.com

Zu einer verhängnisvollen Panne kam es heute im Nationalrat. Während der Debatte über russische Spionage trat FPÖ-Chef Herbert Kickl mit den falschen Unterlagen ans Podium. Statt seiner geplanten Rede las er versehentlich die Formel für das russische Nervengift Nowitschok ab.

WIEN – Kickl räuspert sich, rückt sich die Brille zurecht und steigt auf das Stockerl vor dem Rednerpult. „Sehr geehrte Damen und Herren! 200 Gramm Kaliumchlorid, 100 Gramm Butter auf Raumtemperatur, zwei Eier, 100 Milliliter Red Bull und ein S-Budget Sugarfree Energy Drink, der seit vier Jahren abgelaufen ist", liest Kickl konzentriert ab. „Trennen Sie die Eier und schlagen Sie das Eiklar auf, dann bringen Sie das Red Bull zum Sieden. Achtung, die Dämpfe keinesfalls einatmen!"

Plötzlich herrscht Unruhe im Raum. Wolfgang Sobotka riecht an seiner Trinkflasche. „Das kenn ich, das trink ich immer mit dem Jan, wenn wir gemeinsam im Club Danube Squash spielen jeden Freitag", erklärt der Nationalratspräsident.

Schock

Kickl bemerkt seinen Fehler und erstarrt. Seine Augen wandern panisch durch den Saal. Er flucht leise: „Blyat, blyat". Mehrere FPÖ-Abgeordnete greifen sich ans Ohr und warten auf einen Befehl ihres FSB-Führungsoffiziers. Hans-Jörg Jenewein entsichert in der Besuchergalerie seine Glock und schraubt den Schalldämpfer an. Soll Kickl auf der Stelle eliminiert werden, später in der Parlamentskantine in eine Mikrowelle gesteckt werden oder daheim unglücklich aus einem gekippten Kellerfenster fallen?

Der FPÖ-Chef wühlt nervös in seinen Unterlagen und holt ein anderes Blatt hervor. Doch statt des Alliterationen-Spickzettels aus seinem Schimpfwörterbuch ist es ein romantischer Gruppenchat zwischen ihm und Karin Kneissls Ponys. In obszönen Details beschreibt er darin sein Verlangen nach Intimität, bittet um ein russisches Militär-Transportflugzeug nach Schwechat und verspricht eine baldige Wiedervereinigung in einem Stall in Russland.

Nächster Fauxpas

Der FPÖ-Chef tauscht schnell seine Unterlagen aus und versteckt die Zettel. „Ich les lieber direkt aus dem Word", lächelt Kickl unsicher und öffnet sein Notebook. „So, weiter in der Rede. Das aktuelle Budget des Jahres 2019. Null, Null, Nulli, Null, Nulli, Null, Null, Null."

Christian Hafenecker marschiert zum Rednerpult und nimmt Kickl zur Seite. „Mein Führer, du hast die Laptops vertauscht. Das ist der vom Blümel, den der Egisto damals gefladert hat. Moskau gefällt gar nicht, was da gerade passiert ist, mitkommen, предатель (Verräter)." Er packt Kickl am Arm. Dieser weiß, dass sein politisches Ende naht, und wünscht sich die gute alte Zeit zurück, als FPÖler noch auf Russen schossen, statt ihnen unterwürfig zu dienen.

Worst Case

Der Besitz der Formel wirft die Frage auf, was die FPÖ den Russen im Gegenzug lieferte. CIA-Chef William Burns befürchtet das Schlimmste: „Wir wollen jetzt den Teufel nicht an die Wand malen, aber es besteht der Verdacht, dass im Gegenzug eine Kiste Flat Lake Chardonnay nach Moskau wanderte. Ein Tropfen davon reicht für einen wochenlangen Kater. Sollte das stimmen, dann gute Nacht, freie Welt." Burns bekreuzigt sich.

+++ Update +++
Von Kickl fehlt seit der Rede jede Spur. Aus der FPÖ heißt es nur, der Parteichef habe sich heute zu weit aus dem Fenster gelehnt.

LEBEN 18. April 2024

Kommen und gehen, wie man sich fühlt: Niederösterreich eröffnet erstes Montessori-Gefängnis

Foto: Ernst Weingartner / Weingartner-Foto / picturedesk.com

Die Ausbruchserie reißt nicht ab! Seit gestern gibt es wieder Aufregung um eine angebliche Flucht aus der Justizanstalt Korneuburg. Wie heute bekannt wurde, war der fünftägige Wanderausflug des Häftlings aber mit der Gefängnisleitung abgesprochen. Die Weinviertler Stadt rühmt sich damit, die landesweit erste Justizanstalt nach Richtlinien von Maria Montessori zu führen.

KORNEUBURG – Ein Justizwachebeamter und ein Häftling tanzen gerade gemeinsam ihre Gefühle. Der Inhaftierte bleibt abrupt stehen und starrt traurig auf die Gitterstäbe vor ihm. „Meister, irgendwie gspia i des mit dem Freiheitsentzug für elf Jahre unbedingt heit ned so wirklich", seufzt der amtsbekannte Messerstecher Rudolf „Bauchstich-Rudi" Hallweg.

Offener Strafvollzug

„Die gonzn Regeln do, de Vorschriften, des Strafgesetzbuch der österreichischen Republik, i hob des Gfühl, des engt mi mordsmäßig in meiner Entwicklung ein. Besonders die Gitterstäbe und die gonzn Sicherheitstüren. Des is Gift für die Selbstentfaltung", seufzt Bauchstich-Rudi und schaut sehnsüchtig durch ein kleines Fenster in die Freiheit.

Der Justizwachebeamte rubbelt den Energiestein, der an seinem Hals baumelt, dann bespricht er sich mit der Gefängisleiterin, dem Medium Edelmuth von Engelstropf der Zweiten. Die Chefin des Montessori-Gefängnisses lächelt gütig, dann übergibt sie Bauchstich-Rudi den Zentralschlüssel der Justizanstalt. „Baba, alles Gute, sei immer du selbst, weil die anderen gibt es schon", winkt sie ihm nach. Danach tanzt sie ein E-Mail ans Justizministerium in ihren Laptop.

Reise statt Flucht

Seit der Einführung des neuen Strafvollzugkonzepts sei kein einziger Gefangener mehr geflohen. „Wir nennen das hier auch gar nicht mehr Flucht, sondern ‚Reise zu sich selbst'", erklärt der Justizwachebeamte Stefan Oberleitner. „Man kann dem Mensch das Streben nach Freiheit nicht übel nehmen. Nur in der echten Welt können sich Mörder, Räuber und Erpresser wirklich rehabilitieren."

Momentan befinden sich laut Gefängnisleitung rund 220 von 225 Häftlingen auf erweitertem Ausgang. Viele zog es wohl ins Ausland, einige seien bereits vor Wochen verreist. Das würde auch den heimischen Maßnahmenvollzug entlasten.

Konzept geht auf

„Wir kriegen auch manchmal Postkarten", lächelt Oberleitner und zeigt auf den Kühlschrank in der Kaffeeküche. „Die ist zum Beispiel vom Kopfschuss-Ernstl aus Göllersdorf, a sympathischer Typ, a groda Michl. Der hat sich beim Freigang so positiv verändert, er ist kaum wiederzuerkennen: neue Frisur, neuer Name, neuer Wohnsitz … in Manila, sehr sche dort."

Oberleitner nimmt die Postkarte von Kopfschuss-Ernstl in die Hand und schaut sie lange an. „Bei solchen Geschichten geht mir 's Herz auf. Das ist für mich der gelebte Montessori-Gedanke. Du kannst alles sein, was du willst." Er wischt sich eine Träne von der Wange.

Die niederösterreichische Landeshauptfrau Johanna Mikl-Leitner (ÖVP) zeigt sich mit dem Pilotprojekt zufrieden. „Kriminelle sind auch nur Menschen mit einer fragilen Seele. Jeder hat eine zweite Chance verdient. Ich hab selbst ein paar schwererziehbare Nazis bei mir im Büro angestellt, um sie wieder gesellschaftsfähig zu machen", erklärt sie und lächelt ihre Regierungskollegen von der FPÖ mütterlich an.

LEBEN 19. April 2024

Studie: Österreichisches Krankenhausessen Todesursache Nummer 1

Foto: Kolforn / wikimedia

Zu einem erschreckenden Ergebnis kommt eine Studie, die die Todesursachen von in österreichischen Krankenhäusern verstorbenen Patient:innen untersuchte. Weder Krankenhauskeime noch Lungenentzündungen sind der häufigste Sterbegrund – auf Platz 1 landet das lieblos zubereitete Essen der Spitalskantinen mit einem entzündungsfördernden Schweinefleischanteil von 99,9 Prozent.

WIEN – 15:00 Uhr auf der Bettenstation im AKH, Zeit für das Abendessen. Patient Klaus Amann schaut apathisch aus dem Fenster seines Spitalzimmers. Plötzlich zieht ein eisiger Wind auf, die Sonne verdunkelt sich, Krähen fallen vom Himmel, es klopft dreimal an der Tür. „Herr Amann, Ihre Zeit ist gekommen, es ist so weit! Sie können sich nicht verstecken."

Das letzte Abendmahl

Amann vermutet die Ankunft des Sensenmannes, jedoch die Pflegerin tritt ein. „Heut gibt's Erdäpfelpüree mit Lachspüree ... Also glaub ich ... Jedenfalls irgendwas Weiches." Sie kontrolliert, ob ihre FFP2-Maske richtig sitzt – die Dämpfe sind auch für gesunde Menschen lebensgefährlich.

Der an den Nieren operierte Patient lehnt sich zurück. Sein Leben zieht vor seinem geistigen Auge vorüber: seine Kindheit, seine Jugend, sein Berufsleben. Dann setzt er sich auf, spricht sein letztes Gebet und sieht die Pflegerin entschlossen an. „Bringen Sie den Teller rein." Sein Bettnachbar ist mit dem Essen bereits fertig. Er ist als Grafiker bei der SVS versichert und hat heute das Menü „Überfahrene Taube auf Tschickstummelpürree mit Salatblatt (vom Ahornbaum)" genossen und schreibt sein Testament mit Püree auf eine Serviette.

Gefahr aus der Küche

„Wir dachten, die Krankenhauskeime seien für die meisten Todesfälle verantwortlich", erklärt Studienautorin Rebecca Zeller von der MedUni Wien. „Aber dann konnten wir in den Spitalsküchen multiresistente Köche nachweisen, die weder auf Salz, Pfeffer oder gesunde Rezepte anspringen." Sie schiebt einen Rollwagen mit dem aktuellen Menü herbei: Drei kalte Erbsen, die neben einem kleinen Haufen Panier liegen. „Man sagt ja immer, das Auge isst mit. Heute sind alleine hier auf der Abteilung sieben Menschen erblindet daran."

Auch die Patient:innen im AKH leben in ständiger Angst, wie der rekonvaleszente Stefan Wrussnig erklärt. „Zuerst kommt der Primar, und du zitterst und denkst dir, hoffentlich kommt der jetzt nicht mit der Diagnose und sagt ‚Krebs'. Und dann kommt die Pflegerin und sagt ‚Mahlzeit'. Da weißt du, das ist jetzt dein Todesurteil." Manche können ihr Essen nur verzehren, wenn sie direkt an einen Defibrillator angeschlossen werden, der sie nach jedem Bissen von einer Wurstplatte mit Fleisch aus mysteriöser Herkunft sofort reanimiert.

15:06 Uhr. Die Krankenpflegerin öffnet die Tür zum nächsten Zimmer. „Zeit fürs Abendessen", lächelt sie und schiebt den Servierwagen mit der tödlichen Fracht herein. „Frau Rainer, wie geht's Ihnen mit dem Magendurchbruch? Für Sie hamma heute was ganz was Leichtes: ein Chili Con Carne mit Hellfire Doomed Hot Sauce. Mahlzeit!" Tapfer lächelnd nimmt die Patientin einen Bissen, hält sich den Bauch und fällt zuckend auf den Boden.

Zwei-Klassen-Kantine

Doch manche Patient:innen haben auch Glück. Neben der Spitalskantine befindet sich ein edles Bistro, in dem Konstantin Filippou, Heinz Reitbauer und Juan Amador das Essen für die Zusatzversicherten zubereiten. DIE**TAGESPRESSE** versuchte, ein Statement der Ärztekammer und der Gebietskrankenkassen einzuholen. Die Vorstände sind aktuell aber leider verhindert. Ein wichtiger Termin am Austernbuffet zieht sich in die Länge.

Neue Rekordzeit: Mann redet seit 48 Stunden über seine Teilnahme am Vienna City Marathon

Foto: depositphotos.com

Was für eine Leistung! Ein Sales-Manager aus Wien-Neubau erzählt seinem Umfeld seit ganzen zwei Tagen durchgehend von seiner Teilnahme am Vienna City Marathon. Während seine Kolleg:innen bereits entkräftet zusammenbrechen, hat er selbst noch Energie weiterzumachen.

WIEN – Ein Start-up in der Burggasse. Normalerweise werden hier alte Kaugummis zu neuen Müsliriegeln upgecycelt, doch seit gestern steht die Arbeit komplett still. Sales-Manager Lukas Böhm wischt sich den Schweiß von der Stirn, schnappt sich eine Banane aus dem Obstkorb und tippt seiner Kollegin Miriam auf die Schulter.

„Ah ja, und was ich vorher noch vergessen hab zu erzählen, mit den Nike Vaporfly 3 hast du einfach einen ganz anderen Grip. Da hab ich in der Praterallee sicher ein paar Sekunden rausgeholt auf den Pauli. Und falls ich's noch nicht erwähnt hab: Ich bin den Marathon in 4:08:34 gelaufen."

Seine Kollegin lächelt genervt und schielt wieder hinüber auf ihr Excel-Sheet, das seit Stunden unbearbeitet am Screen leuchtet. Sie will Lukas kurz davonsprinten, doch der schiebt sich ihr wieder in den Weg. „Den Pauli kennst eh noch, oder? Von der WU. Wir sind uns recht ähnlich, nur, dass er eine billigere Uhr hat als ich. Ich geh mit ihm immer am Dienstag Padelspielen und wir haben beim Marathon da immer so eine interne Liste. Diesmal hab ich ihn um acht Minuten geschlagen, weil er hat nur die Nike Invincible angehab – Hey, Miriam, geht's dir gut? Brauchst du was? Ich hab noch Dextro Energy vom Marathon." Die Frau sackt entkräftet zusammen und gibt auf. Kreislaufkollaps. Der Rede-Marathon ist für sie zu Ende.

Nachtschicht

Letzte Nacht, von 22 Uhr bis 4 Uhr früh, hatte Böhm einen guten Lauf, wie er der **TAGESPRESSE** erklärt: „Ich hab zuerst meiner Ex-Frau Sprachnachrichten hinterlassen, ich hab gesehen, die zwei Hakerl sind schon blau."

Geantwortet habe sie noch nicht: „Aber wahrscheinlich hört sie es sich einfach immer wieder an oder spielt es mal ihren Freundinnen vor, weil sie so stolz auf mich ist. Dann bin ich in eine Bar gegangen und mit ein paar Leuten ins Gespräch gekommen. Von der Bar bin ich dann direkt ins Büro, damit ich in der Früh noch unsere Reinigungskraft erwische, die folgt mir leider nicht auf Instagram und hat noch nicht gewusst, dass ich den Marathon in 4:08:34 gelaufen bin."

Rückschlag

Lediglich am Montagvormittag schien der Rekordversuch kurz gefährdet: „Ich bin in den 13A eingestiegen und wollte den Busfahrer in ein Gespräch verwickeln, hab ihm erzählt, dass ich gestern da gelaufen bin und dass ich glaube, dass ich schneller gelaufen bin als er Bus fährt, weil er hat ja nur die Intercontinental Reifen, aber da meinte er nur ‚Gusch'. Diese Reifenmarke kenn ich gar nicht, man lernt nie aus, wenn man offen auf seine Mitmenschen zugeht."

Doch Sales-Manager Böhm hatte Glück. Er entdeckte einen Studenten mit Sporttasche, der am Weg zum Crossfit war. „Jackpot", erinnert er sich lächelnd. „Dem hab ich dann bis ins kleinste Detail geschildert, wie man während dem Laufen am besten Nahrung zu sich nimmt, ein hochkomplexes und äußerst spannendes Thema. Er ist dann leider in einer Kurve aus dem Fenster in den Gegenverkehr gesprungen."

Für künftige Hirscher-Interviews: Pariasek lernt schon Niederländisch

Foto: Roman Zach-Kiesling / First Look, Barbara Gindl / Picturedesk(M)

Skilegende Marcel Hirscher kehrt aus dem Ruhestand zurück und tritt ab sofort unter holländischer Flagge an. Für Sportreporter und Polyglott Rainer Pariasek stellt das kein Problem dar. Um künftige Interviews mit Hirscher souverän zu meistern, lernt er bereits Niederländisch.

WIEN – 9 Uhr früh im Fremdspracheninstitut. „Mijn naam is Rainer Pariasek", begrüßt Pariasek die Gruppe. „Wow, dit war super! Hast du schon Erfahrung mit Niederländisch?", will die Kursleiterin Sophie Neurath wissen. „Nein, ik spreek einfack so, wie mir det Schnaabl gewaxe is, namaste konichiwa gnotschi", lächelt der ORF-Virtuose und beißt von einer Stroopwafel ab.

Pariasek in seinem Element

Es ist Zeit für die erste Lektion. „Bieberquieck heißt auf Niederländisch Bieberquak", erklärt Neurath. „Und Pepfick Dempsey ist Pipfuck Dumpsi." Pariasek schreibt interessiert mit. Die komplett erfunden klingende Sprache liegt ihm im Blut. Dann geht die Gruppe bereits erste Dialoge durch: „Marcel, waarom was je zo snel? Is dit jouw Hirscher Ski? Lecker Ding!"

Pariasek lächelt zufrieden, während er kurz den Campingwagen verlässt, in dem der Kurs stattfindet. „Bei Holländisch kommt mir zugute, dass die Sprache eine Mischung aus Englisch und Deutsch ist. Wenn dir mal ein Vokabel nicht einfällt, hilft es oft, sich einen Stein gegen den Schädel zu schlagen und dann zu versuchen, Englisch zu sprechen."

Sprachliches Jahrhunderttalent

Er blättert durch sein Dictionary und gibt uns „een kleene Kotprobe", wie er sagt. „Die Sprache ist ganz leicht. Man nimmt das deutsche Wort, dann das englische Wort und vermischt es. Also zum Beispiel Holzpantoffel plus wooden slippers ergibt auf Holländisch einfach hooltspantoffelswoodsenschlippers. Ein Kinderspiel." Er betont das Wort so perfekt, dass es für mehrere Sekunden ganz still im Raum ist. Dann bricht Applaus aus.

Mittagspause. Kursleiterin Neurath holt sich einen Kaffee und zwei Space Cakes. Strahlend schwärmt sie von ihrem neuen Musterschüler. „So etwas habe ich noch nie erlebt, ich fasse es nicht. Er spricht nach einer Stunde schon fließend Holländisch. Das ist so koel und geweldig. Wir nennen ihn bereits den Van Gogh der Fremdsprachen, weil wenn er den Mund aufmacht, möchte man sich das Ohr abschneiden."

Hirscher bereit

Schauplatzwechsel: Amsterdam. Marcel Hirscher bereitet sich bereits auf die Skisaison vor. „Um den Wettkampf mit Pariasek durchzustehen, brauchst du die richtige mentale Verfassung. Skifahren ist eigentlich sehr leicht, du musst nur den Berg Schuss runterfahren. Wenn du zwei Stecken halten kannst, bist du schon in den Top 10. Schwierig sind vor allem die Interviews mit dem Rainer, da hilft nur Doping", gesteht Hirscher. Dann verschwindet er in einem Coffee Shop und kauft sich 50 Gramm Van Der Bellen Haze.

Nach Absage an Bayern: Österreich ernennt Rangnick zum Ehrenpiefke

Foto: wikimedia / Steffen Prößdorf / Joe Klamar / AFP / picturedesk.com (M)

Es ist die höchste Ehre, die Deutschen hierzulande widerfahren kann: Die Republik Österreich ernennt ÖFB-Trainer Ralf Rangnick offiziell zum Ehrenpiefke und verleiht ihm den „Großen goldenen Detlef am Bande". Damit bedankt sich das Land für die Absage des deutschen Coaches an den FC Bayern München.

WIEN – „Juten Tach auch! Manno dat Frühstückchen schmeckt aber lecker", lacht Rangnick und tritt in die Hofburg ein. Van der Bellen signalisiert seinen Personenschützern, nicht einzugreifen. Worte, für die man sonst verhaftet wird und auf die zwei Jahre schwerer Kerker stehen, lässt man dem Ehrengast heute durchgehen.

Rangnick wird heute die größte Auszeichnung Österreichs für einen Deutschen zuteil: Er wird ab sofort im ganzen Land einigermaßen geduldet. Der Fußballprofessor hat sich mit Videoanalyse auf seine Ehrung in der Hofburg vorbereitet. Gekonnt weicht er dem Seitenblicke-Team aus, dribbelt Dominic Heinzl aus und grätscht Andi Herzog um, der ihm die Auszeichnung streitig machen will.

Ehrenpiefke-Ehrung

Durchgeschwitzt, aber glücklich lächelnd schüttelt Rangnick schließlich die Hand von Bundespräsident Alexander Van der Bellen. „Ich ernenne Sie hiermit im Namen der Republik zum Ehrenpiefke. Sie dürfen sich straffrei im Gänsehäufel eine Liege mit Handtuch reservieren und ohne Konsequenzen ‚bis Spätersilie', ‚bis denne, Antenne' und ‚Tschüsseldorf' sagen", verkündet Van der Bellen.

„Sie haben das Unmögliche möglich gemacht und es geschafft, dass das ganze Land seinen Minderwertigkeitskomplex für 90 Minuten am Stück verdrängen konnte." Wenige Sekunden später baumelt der „Große goldene Detlef am Bande" von Rangnicks Hals.

„Ach was. Was soll ich in München? Benachteiligten zu helfen, also Charity, das war immer schon meine Leidenschaft", erklärt Rangnick seine Absage an Bayern. „Wenn Harry Kane sein hundertstes Tor schießt, juckt das doch keinen mehr. Aber dieses Leuchten in den Augen der Ösis, wenn sie das erste Tor ihrer Karriere schießen – sowas füllt mein Herz mit Freude."

Neben dem „goldenen Detlef" gibt es für Rangnick – den ersten Ehrenpiefke der Alpenrepublik – zwei goldene Birkenstock für Wandertouren auf den Großglockner inklusive Handtuch (Vossen). Der deutsche Teamchef ist zu Tränen gerührt.

Aufnahme in Bundeshymne

In einem weiteren Schritt wird Ralf Rangnicks Name in die Bundeshymne aufgenommen. Der neue Text soll dann „Heimat bist du großer Söhne und Ralf Rangnick" lauten. Um die Silbendifferenz zwischen den zwei Textzeilen zu minimieren, wurde „Töchter" wieder aus dem Text gestrichen. Andreas Gabalier sagte bereits alle Konzerttermine für die nächsten zwei Jahre ab, um die neue Textzeile zu lernen.

Deutschland im Schock

In München sitzt der Schock tief. „Jetzt müssen wir aber nach vorne schauen. Es haben sich vielversprechende Kandidaten aus Wien beworben", erklärt Sportdirektor Christoph Freund. Er zeigt auf seinem Laptop auf eine PowerPoint-Präsentation mit dem Titel *ändi_herzog_for_fc_hollywood* und holt eine Serviette eines Meidlinger Beisls hervor, auf die „I gwinn eich den Schas, lg Toni Doppelpack" gekritzelt ist.

Die deutsche Bundesregierung lehnt eine ähnliche Praxis für gut gediente Österreicher in Deutschland indessen ab. Man habe damit schlechte Erfahrungen gemacht, erklärt Bundespressesprecher Steffen Hebestreit.

WELT 3. Mai 2024

Schock in Suriname: Im Pressefreiheitsranking nur knapp vor Schnitzelrepublik Österreich

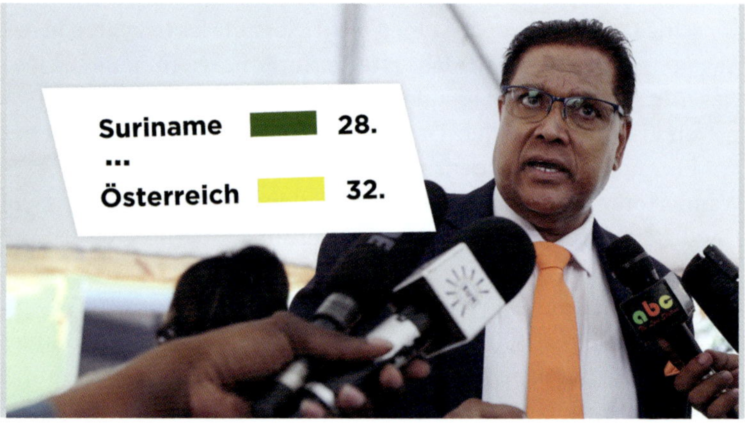

Foto: Ranu Abhelakh / ANP / picturedesk.com (M)

Für das südamerikanische Land Suriname gab es heute ein böses Erwachen: In der aktuellen Rangliste der Pressefreiheit befindet sich das Land nur mehr vier Ränge vor der lächerlichen Schnitzelrepublik Österreich. Ein Aufschrei geht durch die stolze Bananenrepublik.

PARAMARIBO – Es ist eine unschöne Meldung, die den Surinamern heute aus der *Wiener Zeitung*, die seit 2023 in Suriname erscheint, entgegenspringt: Nur mehr Platz 28 im Pressefreiheitsranking – knapp vor dem korrupten Zwergenstaat Österreich. Es ist ein schwarzer Tag in der Geschichte des Landes.

Präsident Chan Santokhi starrt paralysiert auf das Ranking. „Das muss ein Fehler sein. Sind wir da in einer korrupten Schnitzelrepublik, wo Staatschefs live on air Bier saufen? Wo ein Minister mit Inseraten gefällige Berichterstattung kaufen kann? Wo minderwertige Gratiszeitungen überfördert werden? Wo man die älteste Zeitung der Welt einfach sterben lässt? So sind wir nicht, so ist Suriname einfach nicht!", so Santokhi, der zeitgleich Österreich zum „Achtungserfolg" gratuliert.

Sofortiger Rücktritt

Er zerreißt das Ranking und wirft es in den Mistkübel. Seine Halsschlagader pulsiert, sein Kabinett starrt auf den Boden. Medienministerin Susana Rabo räuspert sich. „Ich übernehme die volle Verantwortung und erkläre meinen sofortigen Rücktritt. Wir sind hier nicht in Österreich, hier tritt man noch zurück. Ich war letztes Jahr zum Skifahren in diesem kleinen Schurkenstaat in den Alpen. Es war der Horror. Im Hotel lag beim Frühstück eine Zeitung, in der irgendein betrunkener Hausmeister namens Jeannée ein Hassposting veröffentlicht hat. Alleine, dass Suriname in einem Atemzug mit dem Spaßstaat Österreich genannt wird, ist unverzeihlich."

Sondersendung

Der Surinamische Rundfunk (SRF) unterbrach heute Vormittag sein Programm für eine Sondersendung. In den TV-Nachrichten *Suriname im Bild* mit Nachrichtenmoderator Armin Ozelot analysiert Pedro Filzmaierhi, Studio-Analyst und einziger Politikwissenschaftler Surinames, die Auswirkungen: „Der Vergleich mit dem russischen Satellitenstaat Österreich ist ein Schlag ins Gesicht für uns. Wir dürfen nicht in einem Atemzug genannt werden mit einem Land, in dem alle zwei Tage ein neuer U-Ausschuss seine Arbeit aufnimmt."

Selbstreflektion

Innerhalb des renommierten Senders herrscht Fassungslosigkeit. „Sind wir zu nah an der Politik?", fragt Lotharo Lockthi, Mitglied des SRF-Stiftungsrats. „Ich bin einmal mit meinem Fahrrad am Parlament vorbeigefahren! Es tut mir leid, ich mach das nie wieder."

Die anderen Mitglieder schauen Lockthi verächtlich an. Pedro Vestentalo, Neo-Stiftungsrat und ehemaliger Stricher, schüttelt den

Kopf: „Wir müssen die Gebühren erhöhen. Die Bevölkerung wird das verstehen!“

Im surinamischen Privatfernsehen sieht man indessen keine Gefahr für die Pressefreiheit im Land. In der mittelmäßigen Talkshow „Talk im Hafen 7“ auf Goede-Dag-TV leugnet Moderator Michael Vleeshacker lieber die Existenz von Malaria und lädt den pensionierten argentinischen Publizisten Adolf Hitler ein. Es scheint, als stünden dem Land noch viele Herausforderungen bevor.

LEBEN 6. Mai 2024

42.000 vs Wild: Schulen entlassen völlig unvorbereitete Maturanten ins echte Leben

Foto: Claus Schunk / SZ-Photo / picturedesk.com

Es ist wieder so weit: Auch 2024 spucken die österreichischen Schulen wieder 42.000 Maturant:innen aus, die vom echten Leben im Haifischbecken der Privatwirtschaft keine Ahnung haben. Mit nichts in der Tasche – außer ihrer Matura – werden die jungen Menschen einfach so im Leben ausgesetzt. Doch ist die Hochschulreife genug, oder scheitert die junge Bildungselite am ersten zu entlüftenden Heizkörper?

WIEN – Der 18-jährige, frischgebackene Maturant Michael Valissik erwacht an seinem ersten Tag im Leben eines Durchschnittsbürgers. Ausgestattet mit Detailwissen zur Integralrechnung, Basics in Business-Französisch und oberflächlichen Fakten zu diversen Textsorten fühlt er sich unbesiegbar.

Doch schon wartet die erste Challenge auf ihn: Der Siphon in der WG-Küche ist verstopft. Entsetzen macht sich breit – Michael überlegt, dann blättert er in der zweizeiligen Buchliste der Deutsch-Matura nach. „Ich schau mal bei Goethe nach, was Dr. Faust in dieser Situation gemacht hätte. So eine Verstopfung lässt sich bestimmt leicht lösen, wenn man dem Teufel seine Seele verkauft? Wie geht das genau? Shit, ich hätt auch in Reli maturieren sollen."

Zahlreiche Betroffene

Michael ist kein Einzelfall. Hunderttausende Maturant:innen müssen ihr ganzes Leben lang im Spätkapitalismus bestehen, ausgestattet lediglich mit dem stumpf auswendig gelernten Halbwissen von vier Maturafächern. „I gib erm zwa Johr, i tipp auf Publizistik, donn is er wieder daham bei Mama und Papa und bettelt um Göd", seufzt ein Lehrling, der Michael durch das Fenster gegenüber beobachtet.

„Die Matura ist so eine Art *Hunger Games* für Leute, die glauben, sie sind g'scheid", erklärt Lehrerin Daniela Huber. „Wer auf einem Gymnasium war, streitet sich schon bald um die letzten noch verbliebenen Jobs als Taxifahrer in Wien. HAK-Absolventen ereilt ein ähnliches Schicksal. Hier kommen 20.000 Bewerber auf die einzige Stelle als Schalterbeamter in einer Bank, den es in ganz Österreich noch gibt."

Systemkritik

Bereitet die allgemeine Hochschulreife junge Menschen nicht adäquat auf das Leben vor? Bildungsminister Martin Polaschek will an der Matura festhalten: „Im österreichischen Schulsystem geht es nicht um die Vermittlung von Wissen. Es geht darum, dass man sich einer überforderten Autorität unterordnet und sinnlose Aufgaben erfüllt, die weder Kreativität noch kritisches Denken erfordern – so wie halt dann später im Job."

„Soft Skills" wie die Bewältigung von Enttäuschungen im Leben, die Pflege von funktionierenden sozialen Beziehungen oder das Übernehmen von Verantwortung für das eigene Handeln sehe der Lehrplan aus der Monarchie nicht vor. „Aber das hat bei uns in der ÖVP auch nie jemand gelernt, und aus uns ist trotzdem was geworden."

Alltagsbewältigung

Auch in Oberösterreich macht das Projekt „Leben" einem frischgebackenen Maturanten zu schaffen. „Das Finanzamt sagt, ich hab einen Fehler gemacht in der Zeile ‚Sonstige tarifsteuerpflichtige Einkünfte aus Kapitalvermögen' und ich weiß nicht mal, was Einkünfte sind", wimmert der 19-jährige Robin Weinber. „Soll ich es mit Chromatografie, Erörterung, Herbarium, Bibelfrühstück oder Reckturnen versuchen?"

Robin hat die Matura erst im zweiten Anlauf geschafft. Letztes Jahr ist er in Physik noch an einer Frage zur Osmose gescheitert. „Ich werde nie wieder vergessen, was eine semipermeable Membran ist", erklärt der lebensunfähige Ex-Schüler. „Endoplasmatisches Retikulum", ruft er in seinen leeren Kühlschrank hinein wie einen Harry-Potter-Zauberspruch, doch dieser will sich einfach nicht füllen.

Spannung ist wie jedes Jahr garantiert. Wer wird auf der Strecke bleiben? Wer wird sich durchkämpfen, wird es auf die Uni schaffen – und wird mit Ende 20 dann nur ein paar tausend Euro brutto weniger verdienen als ein Lehrling, der gleich was Vernünftiges gelernt hat? Und wer wird am Ende des Lebens sagen können: Ich bin fertig, kann ich noch ein Mandala haben?

Sympathisch: Die Grünen präsentieren neue Wahlplakate mit Lena Schilling

Foto: Ulrich Sperl/Die Grünen

Schwere Vorwürfe erschüttern die EU-Kampagne der Grünen. Im Raum stehen falsche Anschuldigungen, problematisches Verhalten und eine Unterlassungserklärung. Jetzt geht die Partei in die Offensive und präsentiert die neuen Wahlplakate mit Spitzenkandidatin Lena Schilling.

HARALD VILIMSKY
IST DER
ZODIAC-KILLER
DIE GRÜNEN

HETZE
STATT HERZ

ÜBERLEG DIR
GUT, OB DU MICH
WÄHLST
DIE GRÜNEN

UNTERLASSE ES,
WEN ANDEREN
ALS MICH ZU
WÄHLEN
DIE GRÜNEN

WENN IHR MICH
AUSTAUSCHT,
WÜNSCH ICH EUCH
VIEL GLÜCK,
WERNER
UND LEONORE

SIE sind
gegen SIE,
weil SIE
für SICH ist!

MEHR
UNTERLASSUNGS-
ERKLÄRUNGEN
WAGEN!

IT'S ME, HI,
I'M DEFINITELY NOT
THE PROBLEM

WUSSTEN SIE SCHON,
DASS SCHIEDER
MIT LOPATKA
SCHNACKSELT?

SCHÜTZEN WIR
DAS KLIMA UND
MEINE KARRIERE

„Anonymes Gefurze“: Steirischer Querdenker glaubt Systemmedien nichts mehr

Foto: Joe Klamar / AFP / picturedesk.com

Es reicht! Der steirische Querdenker Werner K. hat genug von den anonymen Furzen, mit denen linke Systemmedien wie *Der Standard* unser Land vergiften. Er selbst konsumiert ab sofort keine Zeitungen mehr, sondern informiert sich lediglich durch Telegram, die Stimmen in seinem Kopf und Lena Schilling.

GRAZ – „Den gekauften Systemmedien glaubt doch niemand mehr“, schüttelt Werner K. den Kopf und blättert durch den *Standard*. „Eine Jobanzeige eines Pharmaunternehmens auf Seite 37. Zufall?“, seufzt der Steirer. „Ich lass mich nicht länger zwangsimpfen mit dem anonymen Gemurkse und Gefurze dieser Redakteursclaqueure. Ich hab ein geistiges Immunsystem!“

WERNER QOGLER

K. entdeckt einen Kondensstreifen am Himmel. Sofort zückt er sein Handy und postet ein Foto auf seinem Telegram-Kanal „WERNER QOGLER TRUTH NOT LIES“: „Achtung vor anonymen Furzen aus der Luft! Sie wollen uns mit sogenannten Chem-Schasen kontrollieren!“ Schnell setzt er sich seinen Hut aus Alufolienersatz (Seitan) auf.

Der steirische Querdenker will jetzt die Menschen im Land wachrütteln. Er bindet sich zwei Kuhglocken um sein Rad und fährt laut brüllend vor dem Parlament auf und ab. „Die, die da drinnen sitzen, was tun, die da oben, die leben wie die Maden im Speck und sind alle verbandelt, der Wolfgang Sobotka schläft mit der Taylor Swift, und alle ZIB-Moderatoren sind Echsenmenschen, das hab ich in dem Podcast gehört, wo die Lena Schilling bei Joe Rogan zu Gast war.“

The Green Reset

Er selbst warnt vor einem Umbruch. „Der Green Reset ist schon im Gange. Schauts euch um. Sie tauschen alle grünen Wähler:innen aus durch Nichtwähler:innen.“ Ebenfalls mit im Boot ist laut Werner K. die Justiz. „Ich glaube nicht an Unterlassungserklärungen des Deep State. Diese links-linke Kuscheljustizministerin, mit wem kuschelt die denn aller so? Das wäre mal interessant zu wissen.“

Für K. sind die Systemmedien gestorben. „Da wird schon von klein auf in der Schule gelogen: Die Erde ist keine Kugel, die Erde ist auch keine Scheibe ... Na, na, ich glaube nur noch das, was ich selbst sehe: Die Erde ist nämliche so eine eckige Burgerschachtel, meine Freunde!“

Alternative Fakten

Anstatt auf die Wissenschaft zu hören und die Vorwürfe transparent aufzuklären, plädiert er für eine Durchseuchung der Bevölkerung mit alternativen Fakten aus seinen eigenen Pressekonferenzen: „Wir müssen die Verleumdungen durchrauschen lassen, wenn sie denn überhaupt wirklich existieren. Wir können die eh ned aufhalten. Vielleicht gibt‘s danach einige tausend tote Karrieren, aber dafür können wir mit einer gänzlich ungetesteten Kandidatin in die EU-Wahl gehen.“

Einen weiteren Lockdown – fünf Jahre, in denen die Grünen nicht ins Parlament dürfen – will K. nicht mitmachen. „Dann kleb ich mich einfach fest.“

Zehn Millionen Euro über Nacht: Die dubiosen Geschäfte in der Finanzmetropole Mattersburg

Foto: Ortner/Wiener Zeitung

Ein Immobilieninvestor und der Vorstand einer gemeinnützigen Genossenschaft lassen den Geist von Commerzialbank-Chef Martin Pucher wieder aufleben. Sie erfinden in Mattersburg zehn Millionen Euro Gewinn aus dem Nichts – mithilfe einer Wiese. Eine TAGESPRESSE-Recherche in Kooperation mit der *Wiener Zeitung*.

MATTERSBURG – Die burgenländische Finanzmetropole gilt nicht erst seit dem Aufstieg der Commerzialbank als Manhattan Österreichs. Schon von Weitem erblickt man die atemberaubende Skyline: Lagerhaussilos ragen in den Himmel, Raiffeisen-Fahnen flattern im Wind, die Stadtpfarre thront majestätisch im Zentrum.

Willkommen in Mattersburg, dem „Big Apple" des Burgenlands, dem „Uhudler-New-York" (Bloomberg). Alles hier riecht nach Geld. Bis ins Jahr 1995 war Mattersburg nur ein Altglassammelzentrum, wo dreimal die Woche der Zug stehen blieb. Doch dann trat Commerzialbank-Chef und Finanzgenie Martin Pucher auf und erbaute quasi die halbe Stadt im Alleingang. Er erfand Geld, das gar nicht existierte – also wie jeder normale Bankenchef. Doch im Gegensatz zu normalen Bankiers beging er einen schweren Fehler: Er ließ sich dabei erwischen.

Der große Crash folgte auf dem Fuß. An der Wall Street, der Londoner Börse und in Hong Kong wurde der Handel unterbrochen – die internationalen Finanzmärkte hielten den Atem an. Die Commerzialbank ging mit hunderten Millionen Schulden baden – *Lehman Brothers 2.0* titelte die *New York Times*. Pucher war gefallen – noch tiefer als Leo Hillinger nach zu viel Flat Lake.

Doch Puchers Mindset sollte weiterleben. Ein Immobilieninvestor und ein Vorstand einer gemeinnützigen Wohngenossenschaft hatten eine große Vision, auch sie waren hungrig, auch sie wollten aus dem Hamsterrad ausbrechen. Ihr Ziel: zehn Millionen Euro in nur drei Monaten aus dem Nichts zu generieren. Sie wollten „einen Pucher machen", wie man in Mattersburg dazu sagt.

Der Megadeal

Es begann alles bei der Zwangsversteigerung der Insolvenzmasse der Commerzialbank. Teil der Masse: ein 1,23 Hektar großes Grundstück mitten in Mattersburg. Pucher plante dort einen neuen Stadtteil mit Rathaus, Wohnungen, Büros und einer neuen Zentrale für sein Fintech-Start-up, das bekanntlich später von der innovationsfeindlichen FMA zu Fall gebracht wurde. In Mattersburg nennt man das Grundstück einfach nur das „Pucher-Areal".

Der Immobilieninvestor Gerhard Aigner ersteigerte das zentral gelegenen Grundstück am 24. Februar 2021 für 4,62 Millionen Euro oder 375 Euro pro Quadratmeter. Ein stolzer Preis, selbst für ein Finanzzentrum wie Mattersburg. Wie Pucher wälzte auch Aigner große Pläne: In den Medien redete er großmütig von einem neuen Stadtteil mit Rathaus, Wohnungen und Büros – und noch mehr Lagerhaus-Silos. Am 21. Mai unterzeichnete Aigner den Kaufvertrag.

Doch nur wenig später hatte er es sich anscheinend wieder anders überlegt. Aber eben nur anscheinend. Wie uns zwei Quellen bestätigen, wusste er bereits bei der Ersteigerung, dass er das Pucher-Areal weiterverkaufen würde. Er sprach sogar von einem potenziellem Käufer, der sich an ihn gewendet habe. Die Märkte schlafen eben nie, man muss in Bewegung bleiben – und das Geld und die Immobilien auch.

Im August 2021 verkaufte Aigner die Liegenschaft an die gemeinnützige Wohnbaugenossenschaft BWSG weiter, und zwar nicht nur das Pucher-Areal, sondern auch zwei weitere Grundstücke.

Die Verschachtelung

Eines davon ist ein Acker in Hartberg, für den Aigner zwei Jahre davor 750.000 Euro hinblätterte. Das andere ist eine Lagerhalle direkt an der Westbahn in Neumarkt, für die ein Geschäftspartner von Aigner im Jahr 2015 läppische 247.000 Euro zahlte und die er später in eine Firma von Aigner einbrachte. Gemeinsam mit dem Pucher-Areal wurden die drei Grundstücke um 5,6 Millionen Euro eingekauft.

Wie es im Kapitalismus ebenso läuft, muss leider auch eine gemeinnützige Genossenschaft den Marktpreis zahlen. Und der belief sich im August 2021 für alle drei Grundstücke auf stolze 15.740.655 Euro – um zehn Millionen Euro mehr oder das Dreifache des Einkaufspreises. Tja, so schnell geht es manchmal auf den Finanzmärkten.

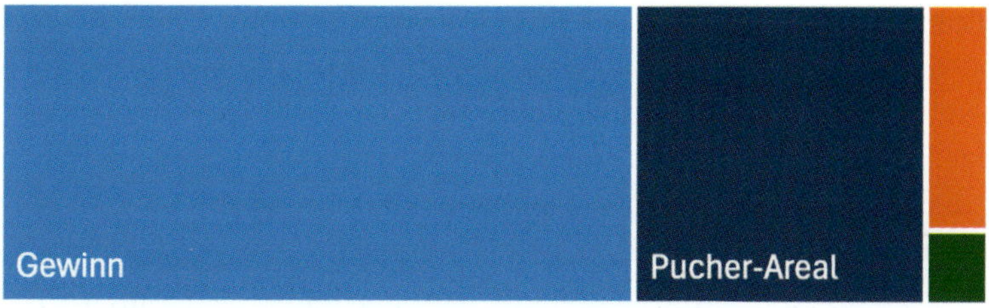

Bei der Zwangsversteigerung im Februar 2021 gab die BWSG für das Mattersburger Grundstück kein einziges Gebot für das Areal ab, anders als bei anderen Pucher-Grundstücken.

Warum steigerte die BWSG nicht bereits bei der Zwangsversteigerung mit und kaufte erst, als der Preis des Grundstücks auf ein Vielfaches angestiegen war – wie der Blutdruck von Hans-Peter Doskozil, wenn er einen Sozialdemokraten sieht?

Wir fragen bei der BWSG nach. Eine Sprecherin der Genossenschaft erklärt das seltsame Verhalten in einer Stellungnahme mit „internen Entscheidungsprozessen".

Tipp von TAGESPRESSE Management Consulting

Wenn ein „interner Entscheidungsprozess" Mehrkosten von zehn Millionen Euro verursacht, sollten Sie vielleicht dringend einmal Ihre internen Entscheidungsprozesse gründlich überdenken.

Buchen Sie jetzt unser Gratis-Webinar um nur zehn Millionen Euro.

Im Laufe dieses Deals entstand noch etwas. Etwas, das fast so schön ist wie zehn Millionen Euro Profit: eine Freundschaft.

Der Vorstand der BWSG, Mathias Moser, stieg im Jänner 2023 mit der Genossenschaft bei der VIAROSA Wohnpark GmbH ein und installierte sich als Geschäftsführer. Verkäufer der GmbH ist just Immobilieninvestor Gerhard Aigner, der ebenfalls Geschäftsführer blieb.

Vor dem Einstieg in die Viarosa wollen die beiden keinen Kontakt gehabt haben. Auch Geldflüsse oder sonstige Gegenleistungen dementieren sowohl Aigner als auch Moser – wahrscheinlich ist es ihnen einfach nur um Freundschaft gegangen, um eine gute Zeit zusammen – quality time. Aigner durfte sogar einmal in der BWSG-Mieterzeitschrift Happy together auftreten (nicht erfunden, Anm. [kein Witz, echt nicht erfunden, Anm.]).

Und so neigt sich ein ganz normaler, hochprofitabler Tag in Mattersburg dem Ende zu. Eine neue Freundschaft entsteht, zehn Millionen Euro Gewinn tauchen auf, und Mattersburg festigt seinen Platz als globales Nervenzentrum des Finanzsystems. Einziger Trost für die mehr als 30.000 geschröpften Mitglieder der BWSG: Geld, das man auf den Finanzmärkten verliert, ist nicht weg. Es gehört nur jemand anderem. Wem genau, darüber kursieren die wildesten Gerüchte, die wir allerdings hier nicht wiedergeben wollen. Schließlich sind wir ja nur DIE **TAGESPRESSE** und nicht der *Standard*.

POLITIK 15. Mai 2024

Um Vorwürfe aus Medien rauszuhalten: Bohrn Mena macht Pressekonferenz in Stadthalle

Foto: Die Tagespresse

Es ist sein bisher schwerster Kampf: Sebastian Bohrn Mena versucht derzeit alles, um den Streit mit Lena Schilling penibel

aus den Medien fernzuhalten. Aus diesem Grund gibt er heute eine Pressekonferenz in der Wiener Stadthalle vor 4000 Medienvertreter:innen aus aller Welt.

WIEN – „Es ist wirklich nicht leicht für mich, an die Medien zu gehen", seufzt Bohrn Mena und heißt strahlend die Tausenden Gäste in der Stadthalle willkommen. „Im Anschluss gibt es noch ein „Grosz vs. Bohrn Mena-Spezial" zum Thema Schilling, mit mir, Sebastian Bohrn Mena, das bin ich. Das wird ganz toll, kaufen Sie außerdem danach mein Buch, das am Eingang aufliegt, direkt neben der Spendenbox für unseren Verein Común Dignidad. Mein Name ist Sebastian Bohrn Mena."

Hunderte Kameras umzingeln den medienscheuen PR-Berater. Die Strategie, das Thema aus den Medien zu halten, geht voll auf. Der geniale Stratege hat einen Coup gelandet. „Die da streamt die PK direkt ins Weltall", sagt Bohrn Mena und klopft auf eine NASA-Kamera. „Ich wollte das nicht, aber mir blieb keine Wahl. Weil früher oder später würden die Aliens auf *Kepler452b* von den Vorwürfen so oder so aus Kepler52b-am-Sonntag erfahren."

Nur das Beste

„Mir geht es keinesfalls um Rache. Ich wünsche Lena von Herzen nur das Beste und hoffe, dass sie diese schwierige Zeit mit all den 300 Klagen, die wir bis zum Herbst gegen sie einbringen, übersteht", hofft Bohrn Mena und verteilt Flyer mit der Überschrift *Lena Schilling = Antichrist* an alle Anwesenden. Ein *Heute*-Redakteur tippt die Gerüchte pflichtbewusst ab.

„Auf unserem OnlyFans gibts dann exklusiven Content zur Causa", erklärt das tüchtige Marketinggenie Bohrn Mena und beginnt dem Publikum die URL zu buchstabieren. „Ihr findets mich und meinen Aktivismus außerdem auf Instagram, Facebook, Twitter, TikTok, Telegram, Snapchat, Threads, Bluesky, Mastodon, WhatsApp, Myspace, duolingo, Kaufhaus Österreich, Teletext und in der Stop Corona App."

Verteidigung

Lena Schilling will die Sache nicht auf sich sitzen lassen. Sie arbeitet derzeit unter Hochdruck an neuen Gerüchten. Diese sollen in einer gemeinsamen Pressekonferenz mit Sigi Maurer präsentiert werden:

„Sobald die Sigi aus der geschlossenen Anstalt entlassen wird, hab ich gehört, später sehr gerne mehr dazu, was sie mir alles angetan hat, weil Joe Biden was von mir will und die Sigi ur eifersüchtig geworden ist."

Endlich Privatsphäre

Die Pressekonferenz ist geschafft. Bohrn Mena nimmt seinen offiziellen „Sebastian Bohrn Mena"-Badge ab und streift sich seinen privaten „Sebastian Bohrn Mena"-Badge über. „Jetzt beginnt der angenehme Teil des Tages", lächelt er. „Oe24 kommt für eine Homestory vorbei, um über unsere aktuelle Klage in Den Haag zu sprechen … Es wäre früher oder später eh rausgekommen."

WELT 21. Mai 2024

Nach Tod von Raisi: Berg für Friedensnobelpreis nominiert

Foto: Die Tagespresse

Erstmals in der Geschichte wurde heute ein Berg offiziell für den Friedensnobelpreis nominiert. In einem Akt beispielloser Zivilcourage brachte er am Sonntag einen Hubschrauber zum Absturz, in dem der iranische Präsidenten und Massenmörder Ebrahim Raisi an Bord war.

TEHERAN – „Selbstlos warf er sich in die Flugbahn des Hubschraubers", heißt es in der Begründung, die heute in Stockholm eingebracht wurde. „Er ist ein Vorbild für alle Berge auf der ganzen Welt, die über sich hinauswachsen und sich politisch engagieren wollen." Der Berg habe damit einen größeren Beitrag zum Frieden in der Welt geleistet als die UN in ihrer 78-jährigen Geschichte.

Inzwischen werden auch immer mehr Details des Absturzes klar. An der Unfallstelle konnte nur noch ein Raisipass geborgen werden. Die iranische Staatsanwaltschaft begann sofort mit Ermittlungen. Zur Fahndung ausgeschrieben wurde die Interkontinentaldrift, die für das Erheben des Bergs just in die geplante Route des Hubschraubers verantwortlich sein soll.

„Sowas geht nicht von heute auf morgen. Das wurde seit Jahrmillionen geplant von den Zionisten", vermutet Ajatollah Ali Chamenei, das religiöse und terroristische Oberhaupt des Iran. Heute Abend wird er eine Fatwa gegen Berge, Hubschrauber, Nebel und alle Karikaturen über den Unfall aussprechen. Dem Berg droht eine Hinrichtung durch Steinigung.

Opposition optimistisch

In den Straßen von Teheran trauern die Menschen um ihren geliebten Präsidenten. „Es ist so schade um Raisi", sagt eine Frau ohne Kopftuch mit strahlendem Lächeln und nippt als Zeichen ihrer Anteilnahme an einem Aperol Spritz.

Die iranische Opposition wittert Morgenluft. „Nur noch 245 Hubschrauberabstürze von hohen Geistlichen und Politikern innerhalb der nächsten zehn Jahre und wir können vielleicht auf einen Machtwechsel in unserem Land hoffen", jubeln Vertreter auf Telegram. Es ist ihr erster Funke Hoffnung seit dem Amtsende des Mullah-Mitläufers Heinz Fischer.

Der Berg selbst ist für eine erste Stellungnahme nicht erreichbar, lässt sein Presseteam mitteilen. „Sein Foto ist innerhalb von 48 Stunden um die Welt gegangen. Der ganze Trubel ist ihm momentan zu viel. Das geht nicht spurlos an ihm vorüber, er ist ja nicht aus Stein."

Proteste gegen die Nominierung kommen von EU-Ratspräsident Charles Michel. „Zuerst der schwere Verlust von Raisi, von dem ich mich immer noch nicht erholt habe, und dann sollen auch noch die Täter belohnt werden", schüttelt er betroffen den Kopf. „Die EU kann das nicht gutheißen. Wir stehen für das Bauen von Brücken, weil wir nur mit Diplomatie an die großen Gasvorkommen rankommen. Allahu Akbar!"

Unfallhergang wird ermittelt
Der iranische Geheimdienst arbeitete sofort nach dem Verschwinden mit forensischen Experten des Kärntner Geheimdienstes BZÖ zusammen. In Klagenfurt war man sich von Anfang an sicher: Raisi wurde Opfer eines feigen Anschlags. Auch Sonderermittler Gerald Grosz wurde eingeflogen. Er erklärt: „Das trägt dieselbe Handschrift wie damals beim Haider-Mord. Ganz klar Mossad! Die haben den Berg dort hingestellt. Und ein Berg ist im Prinzip auch nur ein großer Betonpfeiler."

POLITIK 22. Mai 2024

„Scheiß auf alles": Kogler geht zur Fremdenlegion

Foto: Bundesministerium für Finanzen / depositphotos.com (M)

Es reicht! Grünen-Chef Werner Kogler hat das Chaos, das Gemurkse und das Gefurze in seiner Partei endgültig satt. Er sprengt alle Brücken, lässt sein turbulentes Vorleben hinter sich und geht nach Frankreich, um sein Glück bei der Fremdenlegion zu finden.

AUBAGNE, FRANKREICH – Die Fremdenlegion der französischen Armee gilt schon seit Jahrhunderten als Sammelbecken für Vagabunden und Herumtreiber, die einen Neuanfang suchen. Sie ist Auffangbecken für Männer, die ihr verpatztes Leben hinter sich lassen wollen, die keine Freunde mehr haben und keine politische Heimat mehr – Männer wie Werner Kogler.

„Geht's alle scheißen", murmelt Kogler. Seit Wochen kann er sich erstmals wieder in den Spiegel schauen. Der Rasierer bahnt sich seinen Weg durch seine dichten Haare. Gemeinsam mit seinen angegrauten Locken fallen alle traumatischen Erinnerungen der letzten Tage, Wochen und Jahre von ihm ab. Er nimmt die Sim-Karte aus seinem Handy und spült sie im Klo runter. „Wonn die Schülling wos vo mia wü, konn's ma an Briaf schreim, oba bitte kan Chat, baba."

Neues Leben

Mit seiner Vorgeschichte ist er bei der Fremdenlegion nicht alleine: „I hob de foische Frau dawischt", seufzt er und fährt sich über seinen neuen Buzzcut. Der ehemalige Parteichef der Grünen hat sein altes Leben hinter sich gelassen. „Den Werner gibt's nicht mehr, den Werner hat's nie gegeben", sagt er und nippt an seinem Flachmann.

Kogler zerreißt sein Klimaticket und verbrennt die grüne Wahlkampfbrille. Seine neue Identität „Kerner Wogler", ein spielsüchtiger Staubsaugervertreter aus Salzburg, hat er bis ins kleinste Detail einstudiert. Doch in der Fremdenlegion stellt ohnehin keiner unangenehme Fragen zum Vorleben, jeder wird hier akzeptiert, wie er ist.

Soldatenleben

Seine Vergangenheit verfolgt Kogler bis in seine Träume. Die erste Nacht am Feldbett verläuft unruhig. Immer wieder wacht er auf und schreit laut: „Lenaaaaahhhhhhhhh!" Doch sobald er realisiert, dass er sich nur in einem stickigen Schlafsaal, umgeben von schwer bewaffneten Psychopathen, befindet, sackt er erleichtert zurück in den Schlafsack. Alles nur ein Albtraum. Die Grünen sind weit weg, sie können ihm nichts mehr antun.

Das Auswahlverfahren meistert Kogler mit Bravour: Er robbt durch knietiefen Schlamm, verbiegt sich am Reck und verzieht keine Miene, als ihn der Ausbildner psychologisch demütigt. „Hah, das is ja nix im Vergleich zu daheim", murmelt Kogler leise und denkt grinsend zurück an die Koalitionsverhandlungen mit Sobotka und Wöginger. „Da lernst du erst, was Schmerzen sind. Ich hab um drei Uhr früh mit dem Sobotka Koalitionsverhandlungen geführt. Ich hab das Herz der Finsternis gesehen."

Die Ausbildner beißen sich an der steirischen Eiche die Zähne aus. Lediglich beim Dienst an der Waffe hat Kogler kleinere Probleme. „Irgendwie schiaß i ma immer selbst ins Knie. Macht der Gewohnheit …"

Kogler hält sich bedeckt, redet anfangs nicht viel mit den Kameraden. Zu groß ist seine Angst vor geleakten Chats, eilig einberufenen Pressekonferenzen oder erfundenen Übergriffen. Doch schon bald öffnet er sich und schließt neue Freundschaften, etwa mit dem ehemaligen Zahntechniker Hacé Chetrachez oder dem früheren Taxifahrer Ferner Waymann. Sie helfen Kogler, das tiefsitzende Trauma der Vergangenheit zu bewältigen. Es ist eine auf den ersten Blick vielleicht ungewöhnlich anmutende Schicksalsgemeinschaft, bestehend aus Männern, die nichts mehr haben außer einander.

Bittersüße Freiheit

Wenige Stunden später steigt Legionnaire Kerner Wogler bereits aus einem Flieger. Sein erster Auslandseinsatz ruft. Er soll in Dschibuti vierzehn Geiseln aus der Gewalt eines Rebellenführers befreien. „Endlich mal eine entspannende Hackn. Hoffentlich san des kane Öko-Aktivisten", freut sich Kogler.

Nach dem ruhigsten Arbeitstag seit Wochen sitzt Kogler in einem fast leeren Club in Dschibuti-Stadt. In wenigen Minuten ist Sperrstunde. Die Bar wird gewischt, Gläser werden abgewaschen, Tische werden weggeräumt. *The Rhythm Of The Night* von Corona dröhnt aus den Boxen. Fremdenlegionär Kogler ext sein Bier, zündet sich eine letzte Zigarette an und tanzt im flackernden Neonlicht. Er hat alles verloren – und sein Leben gewonnen.

Curriculum: Der neue FH-Masterlehrgang „Grüne Krisen-PR“

Foto: Weingartner-Foto / picturedesk.com

Auweia! Ein Shitstorm zieht am Himmel auf. Aber keine Sorge: Das ist noch lange kein Grund, den Kopf in den Sand zu stecken. Lernen Sie in diesem viersemestrigen Lehrgang, wie Sie Ihre Lage noch viel schlimmer machen, als sie sein müsste, und werden Sie Expert:in in grüner Krisenkommunikation.

Leibesübungen: Opferrolle (40 ECTS)
Alle Mitglieder der Grünen – auch jene, die erst gestern eingetreten sind – müssen die Opferrolle perfekt beherrschen. Ja, anfangs gilt es noch Ängste und Schmerzen zu überwinden, doch hat man die Opferrolle gemeistert, vergisst man sie nie wieder und beherrscht sie aus dem Effeff, ganz ohne Genierer. Sie werden sehen, das ist wie Fahrradfahren! (10 Wochen Pflichtpraktikum bei der FPÖ)

Advanced Apology Methods I+II (30 ECTS)
Wer kennt es nicht? Bei der Entschuldigungs-PK, die wegen Äußerungen bei der gestrigen Entschuldigungs-PK einberufen wurde, entkommt Ihnen ein kleines Gefurze – kein Problem. Jedes 23-jährige Kind weiß, es ist einfacher, sich hinterher zu entschuldigen, als

vorher um Erlaubnis zu bitten! Lernen Sie von den Besten, denn wir Grünen haben viel Übung und machen es täglich.

NLP (30 ECTS)
NLP steht für „Nutzlose Leere Plapperei" und baut auf der SNU-Schule des großen Denkers Gerald Fleischmann auf. Hinter NLP stehen nützliche Techniken, die Ihnen helfen, die Gehirne Ihres Publikums auf „Wahlerfolg" zu programmieren. Lernen Sie, wie Sie Vorwürfe dementieren, die niemand erhoben hat, oder ziehen Sie Verbindungen zu Andreas Schieder an den Haaren herbei.

Literaturliste: *Message Control* (Gerald Fleischmann, 2023), *Reden wir über Politik* (Sebastian Kurz et al.), *Bauer und Bobo* (Florian Klenk, 2021)

Antisemitische Codes (20 ECTS)
Lernen Sie, wie man elegant den Juden die Schuld gibt für eigene Fehler. Kommunikative Tipps und Tricks von A wie „Antichrist" bis Z wie „Zionist". Denn wie heißt es so schön? Reden ist Silber, Kritik ist Silberstein. Die, die es verstehen müssen, werden es verstehen. ;) Follow the money!
Erasmus-Semester an der US-Ostküste möglich.

Kleines Latinum (10 ECTS)
Cui bono? Ein Lateinunterricht wird Ihnen helfen, diese Frage zu beantworten. Außerdem auf dem Lehrplan „Ad hominem", „Quod erat demonstrandum" und „Carpe diem", für die Zeit nach der Wahl, in der man im EU-Parlament für 10.000 Euro pro Monat die Füße hochlegen und zur Linksfraktion wechseln kann.
Inklusive Kurs „Business Jägerlatein" von Lena Schilling

Gender Studies (10 ECTS)
Privilegiencheck! Kann eine junge Frau wie Lena Schilling überhaupt etwas falsch machen? Und wenn ja, lässt sich ihre Geschlechtsidentität für die Krisenkommunikation nutzen? Ein Kommunikationsseminar lehrt außerdem, wie man das Frausein der Kandidatin möglichst effektiv in jeden gesprochenen Satz einbaut.

Health Studies: Herzchirurgie (2 ECTS, optional)
Hier werden die zentralen politischen Inhalte der Grünen vermittelt: mit den Händen ein anatomisch korrektes Herz formen, freundlich lächeln und sagen: „Herz statt Hetze".
Gast-Lektor: Werner Kogler.

Health Studies: Verbale Blähungen behandeln (16 ECTS)
Ihnen entweicht hin und wieder eine heimtückische Flatulenz aus dem Kehlkopf, die Ihre Stimmbänder ganz unglücklich zum Schwingen bringt und die ganze Pressekonferenz in bestialischen Gestank nach faulen Eiern hüllt? Sie sind nicht alleine. Lernen Sie, Ihr Gefurze in den Griff zu bekommen mit einfachen Hausmitteln wie entspannendem Pfefferminz-Jagatee. Ihr Umfeld wird es Ihnen danken!

Informatik: Daten-Verschlüsselung (4 ECTS)
Twitter, Instagram, WhatsApp – immer mehr Menschen kommunizieren digital. In dieser integrierten Lehrveranstaltung lernen Sie, wie Sie Ihre Chats über angebliche Affären oder häusliche Gewalt schützen, um diese nicht später in Zeitungsartikeln zu lesen.
Gast-Lektor: Die Apple Time Capsule von Thomas Schmid.

Pflichtpraktikum: Büroassistenz bei Andreas Hanger (18 ECTS)
Es wird Zeit, das Gelernte in der Praxis umzusetzen. Lernen Sie vom Meister himself, dem Maradona der modernen Krisenkommunikation: Andreas Hanger. Er sorgt für den letzten Feinschliff an Ihrem Skillset mit handwerklichen Fähigkeiten, etwa dem Sägen an den Fundamenten des Rechtsstaats oder dem Sprengen des gepflegten Diskurses.

Hinweis
In diesem Masterstudium gelten die höchsten ethischen Standards. Wer mit einem Plastikstrohhalm erwischt wird, wird unverzüglich exmatrikuliert, angezeigt und geshitstormed.

Skandal in Oberösterreich: Jugendliche grölen auf Party „Ausländer rein“

Foto: Depositphotos

Nach dem Schockvideo aus Sylt in Deutschland sorgt jetzt ein neues Video für Aufruhr in den sozialen Medien. Zu sehen sind Jugendliche aus Oberösterreich, die ausgelassen „Ausländer rein“ grölen. Ganz Österreich ist schockiert.

BRAUNAU – Es sind Bilder, die einem ganzen Bundesland das reinrassige Blut in den Adern gefrieren lassen. Im Mittelpunkt stehen Jugendliche aus gut situierten Querdenkerfamilien. Sie alle haben die Schule des Lebens mit Bestnoten absolviert, stehen mit teuren Fendt-Traktoren auf dem Parkplatz, tragen frisch gebügelte Impf-Judensterne – es ist die Elite von Oberösterreich.

Aus den Musikboxen ertönt Gigi D'Agostino. Dann grölen sie fröhlich: „Ausländer rein, Ausländer rein! Jeder willkommen, Ausländer rein.“ Manche lachen dabei frech in die Kamera. Einer hebt sogar die Hand zum Corona-sicheren Ellbogengruß – eine verpönte Geste, die in Oberösterreich seit 2021 nach dem Verbotsgesetz strafbar ist.

Tatort bekannt

Als Tatort wurde mittlerweile die beliebte „Heil Hitler"-Bar in Braunau identifiziert. Deren Eigentümer will von den bedenklichen Umtrieben nichts mitbekommen haben und distanziert sich. „Ich hab zum Tatzeitpunkt im Freibad meine neuen Peckerl präsentiert, ich war leider nicht vor Ort."

Dennoch haben die Behörden das Lokal per Notverordnung wegen Gefahr in Verzug geschlossen. Die Polizei ermittelt, ob der Eigentümer beim Eingang alle Besucher:innen auf das verpflichtende Nazitattoo kontrolliert hat.

Politik reagiert

Ist das gedankenlos auf Social Media gepostete Video nur ein Resultat jugendlicher Dummheit oder ein Alarmsignal? „Solche menschenfreundlichen, weltoffenen Parolen haben in Oberösterreich nichts verloren", erklärt Landeshauptmann Stelzer in einer eilig einberufenen Pressekonferenz. „Haben wir denn nichts aus der Geschichte verlernt?"

Sein Stellvertreter Manfred Haimbuchner fügt hinzu: „Wir bekennen uns zum Kampf gegen Bevölkerungsaustausch, Great Reset und George Soros, so wie er im Koalitionsabkommen beschlossen wurde, in der Landesverfassung von Oberösterreich steht und er auch in der Landeshymne vorkommt."

Die Staatsanwaltschaft bestätigt unterdessen die Einleitung von Ermittlungen. Die Täter seien alle namentlich bekannt. Ihnen drohen nun bis zu fünf Jahre Haft wegen Nichtwiederbetätigung.

Technologieoffenheit: Die wichtigsten Erfindungen der ÖVP

Foto: Wikimedia / Franz Johann Morgenbesser (M)

Politik sollte keine Technologien verbieten! Die Innovationspartei ÖVP wirft sich für den fortschrittlichen Verbrennermotor in die Bresche. Eine Anfrage ans Patentamt belegt: Die ÖVP hat in der Vergangenheit schon viele wegweisende Erfindungen schützen lassen. Ein kurzer Überblick:

Foto: Die Tagespresse

Benzinbetriebenes Faxgerät

Foto: Die Tagespresse

Dampfbetriebener Androide

Foto: Die Tagespresse

E-Bike mit Dieselmotor

Foto: Die Tagespresse

Laptop, der ohne Laptop funktioniert

Foto: Die Tagespresse

Selbstreinigende Türmatte „Soberl“

Foto: Die Tagespresse

Gasbetriebenes Windrad

Foto: Die Tagespresse

Durchbruch in der experimentellen Mathematik („Das Blümelsche Budget“)

Foto: Die Tagespresse

Das 41-Stunden-Ziffernblatt für den produktiven Arbeitstag

Foto: Die Tagespresse

Elektrische Zahnbürste mit Kerosinmotor

Foto: wikimedia – Michael Kranewitter

Das U-Ausschuss-Blitzdings

Foto: ORF (M)

Ende-zu-Ende-unverschlüsselte Chatnachrichten

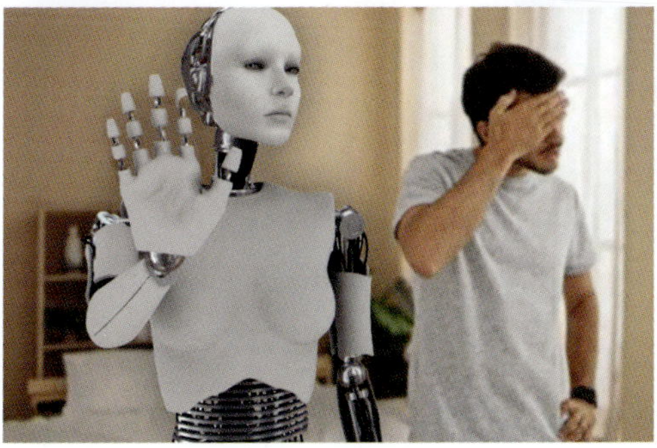

Foto: Die Tagespresse

Sexroboter, der Geschlechtsverkehr vor der Ehe verweigert und sich dabei bekreuzigt

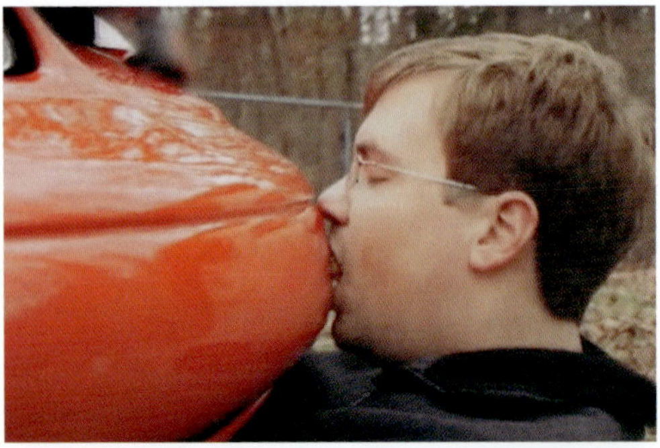

Foto: Die Tagespresse

Legislative Meilensteine (Legalisierung der Ehe zwischen Mann und Auto)

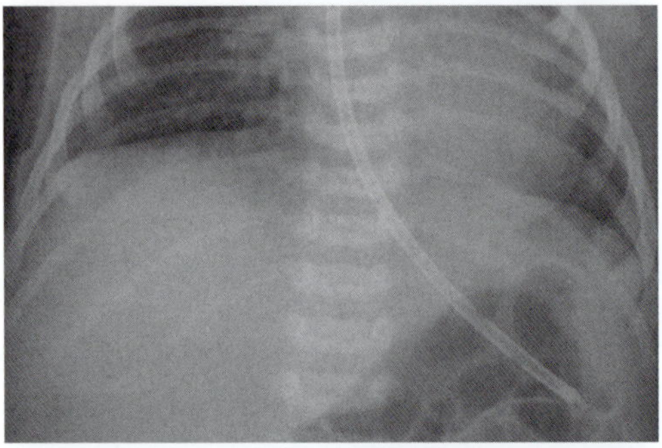

Foto: wikimedia/Hellerhoff

Magensonde, die feststellen kann, ob jemand schon Mittag gegessen hat

Foto: Die Tagespresse

Modisches Halsband „Industriellenvereinigung“

Foto: depositphotos.com

Der Teilzeit-Pranger

Foto: Wikimedia / Franz Johann Morgenbesser (M)

Erfolgreiches Klonen von Menschen

Foto: Die Tagespresse

Radwege mit Autospur und Landebahn für Flugzeuge

Gegen Klimawandel: EU präsentiert Schockbilder an Zapfsäulen

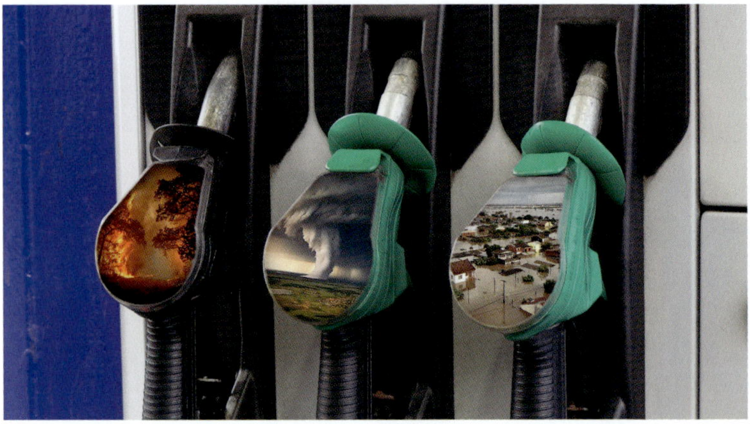

Foto: depositphotos.com (M)

Ist der Klimawandel damit endlich gestoppt? Die EU-Kommission präsentierte heute Pläne für drastische Schockbilder an Zapfsäulen von Tankstellen. Sie sollen Autofahrerinnen und Autofahrer zum Umdenken animieren, indem die Folgen ihres Handelns dargestellt werden.

BRÜSSEL/LEOBEN – Eine seelenlose, postapokalyptische Wüstenlandschaft, die Sonne brennt unerbittlich vom Himmel – menschliches Leben ist hier kaum vorstellbar. Das Schockbild an der Zapfsäule hat es in sich und wirkt wie direkt aus *Dune*, *Mad Max* oder einem Spot vom Burgenland-Tourismus.

Seit heute sind Schockbilder wie diese EU-weit an allen Zapfsäulen zu sehen. Aufgenommen wurden die Bilder unter anderem inmitten des ausgetrockneten Neusiedlersees, auch der Wiener Matzleinsdorfer Platz ist zur Abschreckung abgebildet. Der EuGH hat die umstrittene EU-Treibstoff-Richtlinie für rechtens erklärt – die gemeinsame Klage von Shell, BP und Karl Nehammer wurde abgewiesen.

Betroffene reagieren

Lokalaugenschein in Österreich. Auch an einer BP-Tankstelle in Leoben wurden die Schockbilder bereits angebracht. Peter Kleyhons will gerade seinen BMW X5 tanken, als er das Foto der kargen Wüstenlandschaft erblickt. „Bist deppert, da wird einem scho anders ... Schatzi, kannst die Klimaanlage bissi stärker drehen, so auf zwölf Grad?"

Auch bei Roswitha Klinger zeigen die drastischen Fotos Wirkung. „Wos steht do? ‚Autofahren fügt den Gletschern in Ihrer Umgebung erheblichen Schaden zu.' So a Schas! I foa jo ned amoi auf den Gletschern oben, i hob kane Schneeketten."

Auch die Warnung „Kinder von Autofahrern werden oft selbst Autofahrer" zeigt bei einem Grazer Wirkung. „Oida, na, bitte ned, i kann ned meinen Kindern a noch a Auto kaufen. Dann steig ich lieber gleich aufs Skateboard um. Das is billiger."

Erfolgsmodell

Kommissionspräsidentin Ursula von der Leyen räumt zwar ein, dass die Schockbilder auf Zigarettenpackungen völlig wirkungslos waren. „Aber genau das macht sie so erfolgreich: Wir tun so, als würden wir das Problem bekämpfen, kassieren aber weiterhin Tabaksteuer. Und wir würden doch niemals den Klimawandel wirklich bekämpfen, ohne auf Mineralölsteuer zu verzichten! Oh Gott, was für eine dumme Idee, ha ha."

Nehammer warnt

Kanzler Karl Nehammer will die Bevölkerung währenddessen vor den Gefahren von Elektromobilität warnen. Er fordert Schockbilder auf E-Auto-Ladestationen. Die Motive sollen etwa ein Baby, das mit einer Gabel in die Steckdose greift, oder Harald Vilimsky beim Taser-Selbstversuch zeigen. „Die Risiken, die mit Elektrizität verbunden sind, müssen klar aufgezeigt werden", erklärt der Kanzler während er eine Tafel mit einem verkohlten, vom Blitz getroffenen Pferd auf einer Ladestation anbringt.

Statt *Ode an die Freude*: *L'Amour Toujours* wird neue Europahymne

Foto: Helmut Fohringer / APA / picturedesk.com

Die gestrige EU-Wahl brachte ein verändertes Kräfteverhältnis im EU-Parlament. Als Zugeständnis an rechte Parteien ändert die EU-Kommission nun die Europahymne. *Die Ode an die Freude* von Ludwig van Beethoven hat ausgedient. Stattdessen ist *L'Amour Toujours* von Gigi D'Agostino die neue, offizielle Hymne der Europäischen Union.

WIEN/BRÜSSEL – Dumpf wabert der Beat von *L'Amour Toujours* aus dem Gangbang-Bus vor der FPÖ-Parteizentrale. Für Spitzenkandidat Harald Vilimsky ist die Wahlparty auch um 11:30 Uhr vormittags noch immer nicht vorbei. Die Scherben von Dutzenden Champagnerflaschen liegen auf der Straße, die „Ausländer raus"-Gesänge dröhnen wie die letzten 14 Stunden durch die offenen Fenster.

Vilimsky wird von zwei Bodyguards aus dem Gangbang-Bus gezerrt und wachgetasert. Er frisiert sich die neuen Haare aus Istanbul, dann ist er bereit für das Interview. „Ich freue mich, dass die EU endlich eine anständige, elektrisierende Hymne hat … Vorübergehend – bis wir in spätestens einem Jahr die russische Hymne übernehmen."

Maßnahme kommt an

Mit *L'Amour Toujours* will Kommissionspräsidentin Ursula von der Leyen die gewachsene rechte Wählerschaft ansprechen – offenbar mit Erfolg, wie eine erste Straßenumfrage am Viktor-Adler-Markt in Wien zeigt: „Die linke Woke-Mafia wird jetzt sicher wieder meine EU canceln wollen, nur wegen einem harmlosen Lied", befürchtet FPÖ-Wähler Hubert (56).

Auch Maria (67) erwartet nun das Schlimmste: „Die Linken könnten heimlich einen Öxit planen, damit wir nicht mehr zum Gigi singen." Sie fordert mehr Europa: „Ich lass mir das europäische Projekt nicht kaputtmachen. Wir brauchen die Vereinigten Staaten von D'Agostino!"

„Botschaft verstanden"

„Ich habe die Botschaft verstanden!", erklärt Kanzler Karl Nehammer selbstsicher in die TV-Kameras. Die ÖVP will die FPÖ jetzt noch stärker als bisher kopieren: „Das ist unverzichtbar für einen Erfolg im Herbst", erklärt Nehammer kniend mit Kickl-Brille auf der Nase, während er das neue ÖVP-Meth-Labor im Keller der Lichtenfelsgasse eröffnet. Der Wahlkampfsong *Immer wieder Österreich* von der John-Otti-Band soll den Wahlkampf begleiten, während sich Nehammer auf Ibiza im schicken Alufolien-Outfit beim Koksen filmen lässt.

Dann entschuldigt er sich, er müsse jetzt den Flug nach Istanbul zur Haartransplantation erwischen. Sollte das nichts fruchten, wird Nehammer laut Insidern sogar den Weg freimachen. Dann wird nicht er, sondern ein in Meinungsumfragen weit beliebterer 2007er VW Tiguan für die Volkspartei ums Kanzleramt rittern.

Auch die SPÖ reagiert auf das Wahlergebnis und will die Weichen neu stellen. „Wir sind natürlich auch gegen die Ausländer! Traiskirchen darf nicht Chicago werden!", liest Parteichef Andreas Babler mit kaltem Schweiß auf der Stirn und zitternden Händen von einem Zettel ab, während er von Genossen mit gezückten Hackln bedroht wird. Dann blinzelt er „SOS" mit Morsecode in die Kameras. Es sind Bilder einer geeinten SPÖ, die bereit ist für einen heißen Herbst.

Burgenland: Doskozil schickt Müllballons mit Interviews nach Wien

Foto: Hans Klaus Techt / APA / picturedesk.com (M)

Der irre Diktator zündelt wieder! Jetzt schickt das isolierte Regime von Hans Peter Doskozil Müllballons mit ekelhafter Fracht in Richtung Hauptstadt. Mehrere übelriechende Interviews aus dem Burgenland wurden in der Wiener Innenstadt rund um die Löwelstraße gefunden und machen den Stadtbewohnern das Leben schwer.

WIEN/EISENSTADT – „Pfui, igitt, was ist das?", stöhnt der Angestellte Andreas Babler, der täglich aus Traiskirchen nach Wien in die Löwelstraße pendelt, wo er als Masseverwalter arbeitet. Er öffnet einen der Ballons und zieht ein Interview heraus. „Doskozil: Alles Gute für die Nationalratswahl", liest er vor. „Oje, das ist nicht gut … Riechen Sie das? Obmanndebatte. Ich hasse den Geruch von Obmanndebatten am Morgen." Nur mit Mühe unterdrückt er den Brechreiz.

Nicht weniger als 330 Müllballons mit stinkenden Interviews in einer Nacht, eine verheerende Bilanz. Die MA 48 ist im Dauereinsatz, um Straßen und Gehsteige zu reinigen. „Achtung, sofort wieder hinlegen und Hände desinfizieren! Das ist ein Doskozil-Interview", schreit eine MA 48-Mitarbeiterin einen Mann an, der einen der Ballons öffnet.

Psychologischer Gegenschlag

Am Horizont sind Dutzende Ballons mit toxischen Interviews zu sehen. „Wann hört der Wahnsinn endlich auf?", seufzt Babler.

Die Stadt Wien kündigte bereits an, den verfeindeten Nachbarstaat mit Lautsprecherdurchsagen zu beschallen. „Die Burgenländer reagieren allergisch auf Popmusik aus dem Westen, sie sind nur kommunistische Uhudler-Volkslieder und stundenlange Reden von ihrem Diktator Dosk-Oz-Il gewohnt", so Babler, während er vorsichtig aus dem Fenster seines Büros schaut.

Die Eskalation nährt neue Sorgen vor einem Aufflammen des Konflikts. „Doskozil wittert Schwäche. Er ist wie ein Leopard, der die angeschlagene Gazelle umkreist", analysiert Politologe Peter Kampel. Denn während etwa die ÖVP bei der EU-Wahl mit nur minus 11 Prozent aufatmen kann, fuhr Babler mit dramatischen minus 0,9 Prozent eine verheerende Niederlage ein.

Um langfristige Sicherheit zu gewährleisten, plant man schon seit Jahren die Errichtung eines „Iron Gnome". Mehrere Schrebergarten-Gartenzwerge sollen mit Laseraugen den Himmel über der Stadt vor stinkenden Interviews beschützen. „Die dafür nötigen Umwidmungen wurden bereits den Funktionären mitgeteilt", heißt es dazu aus dem Büro von Bürgermeister Michael Ludwig.

Lage eskaliert

Babler beobachtet apathisch die Müllballons, die auf Wien zu schweben. „Bitte treten Sie vom Fenster weg", wird er von einem Cobra-Personenschützer gewarnt und im letzten Moment weggezerrt. Ein lauter Knall. Babler wirft sich auf den Boden. Ein Hackl steckt im Fensterrahmen. „Das könnte jetzt in meinem Kreuz stecken", murmelt der verstörte Parteichef. Das Leben an der Spitze der SPÖ ist gefährlicher als je zuvor.

Auf dem Dach der Löwelstraße richtet Babler bereits seine SJ-Kamikazedrohnen zum Gegenschlag auf das Burgenland, doch den SPÖ-Parteivorsitzenden plagen Zweifel. „Was, wenn der Konflikt dann eskaliert? Wir dürfen Peter nicht provozieren, sonst zündet er die metaphorische Atombombe: das Video von der gemeinsamen SJ-Exkursion 1991 auf Kuba!"

Sensation: Forscher finden exakt gleiches Nova Rock Line-up in steinzeitlicher Höhle auf Borneo

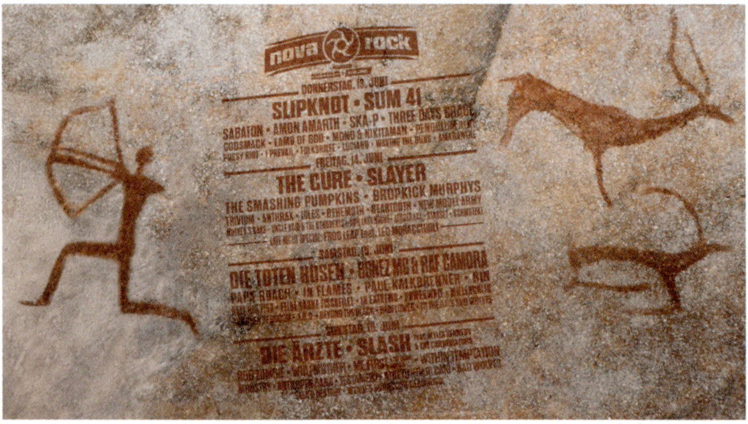

Foto: Depositphotos (M)

Eine archäologische Sensation wird aus Borneo gemeldet: In einer Höhle entdeckte ein Forscherteam Höhlenmalereien eines steinzeitlichen Nova Rock Festivals. Das Line-up blieb perfekt erhalten und wurde nie verändert. Das Alter wird auf mehrere tausend Jahre geschätzt.

BORNEO – Vorsichtig trägt eine Archäologin mit einer Kelle eine Erdschicht von der Wand ab. „Sehen Sie das?“, fragt sie mit vor Euphorie zitternder Stimme und wischt den empfindlichen Fund mit einem Pinsel sauber. Das ganze Team hält den Atem an.

„Da steht … *Die Toten Hosen*. Und daneben *Sum … Sum 41* und hier *Slipknot*.“ Die Archäolog:innen fallen sich in die Arme. Tränen, Schulterklopfen, Jubelschreie. Ihnen ist das scheinbar Unmögliche gelungen: Sie haben ein perfekt erhaltenes Nova Rock-Plakat aus der Steinzeit freigelegt.

Authentisch

Weibliche Acts konnte das Team auf dem Lineup nicht finden. „Daher gehen wir davon aus, dass es echt ist", erklärt Archäologe Andreas Vondrak. „Dafür haben wir den Special Midnight Act freilegen können: *Otto und die Friesenjungs*. Einen deutschen Ausländer im tiefsten Burgenland auftreten zu lassen, das ist sehr mutig und progressiv. Es lässt sich daraus schließen, dass in Österreich Diversität schon in der Steinzeit sehr wichtig war, wie in der Gegenwart."

Neben dem Lineup befinden sich auch faszinierende Malereien von überfluteten, sumpfigen Feldern, anurinierten Zelten und sonnengereiften Dosen mit Gösser Radler. „Hinter einem Busch sieht man auch einen *Homo hanspeterlis*, der einem Kontrahenten ein Hackl ins Kreuz wirft", analysiert Vondrak.

Veranstalter erfreut

Die Nova Rock-Veranstalter zeigen sich erfreut über den Fund. „Das bestärkt uns, die Tradition fortzusetzen, allen Moden zu trotzen und auch künftig keine modernen Acts und One-Hit-Wonder wie Mozart, Bach oder Beethoven einzuladen, sorry!", heißt es in einer Erklärung des Weisenrats der Ältesten.

Zuletzt wurde vor sieben Jahren ein Vertreter der neuartigen Musikrichtung Rap eingeladen. Doch der Künstler Walther von der Vogelweide konnte das Publikum mit modernen Hits wie *Herzeliebez vrouwelin*, *Owîh ih habê die Pest* oder seinen 50-Cent-Covers *Süezecheit Shop* und *Thu findest mîh in dem Klubo* nicht überzeugen.

Kulturell bedeutend

Laut Historiker Paul Pfeiffer nahm das Nova Rock nachhaltigen Einfluss auf die menschliche Zivilisation. So brachte es etwa den ersten Headbanger der Weltgeschichte, Jesus Christus, hervor. Er füllte beim Nova Rock des Jahres 28 mehrere zehntausend Festivalbesucher mit nur einer Dose lauwarmen Landgraf-Bier ab und verköstigte sie mit Langos, die er wundersam vermehrte. Am Ende seiner Performance ließ sich der legendäre Schock-Rocker sogar auf einem Kreuz nageln.

Partei, die fast jedes Gesetz gebrochen hat, pocht auf Einhaltung von Gesetzen

Foto: Florian Schrötter / BKA (M)

Begeht Umweltministerin Leonore Gewessler mit ihrer Zustimmung zum Renaturierungsgesetz einen Rechtsbruch? Diesen Vorwurf stellt mit der ÖVP jene Partei in den Raum, gegen die derzeit ermittelt wird wegen des Verdachts auf Untreue, Bestechung, Betrug, wettbewerbsbeschränkende Absprachen, und deren Funktionäre bereits wegen Falschaussage verurteilt wurden.

LUXEMBURG/WIEN – In der ÖVP herrscht heute Panik. Die Nachricht über Gewesslers Zustimmung zum EU-Renaturierungsgesetz platzt mitten in die ÖVP-interne Sitzung zur Festlegung, wie hoch die gesetzliche Wahlkampfkosten-Obergrenze heuer versehentlich überschritten werden soll.

Wolfgang Sobotka unterbricht sogar eine Probe seines Novomatic-Orchesters, Vösendorfs Bürgermeister Hannes Koza verlässt vorzeitig einen Termin beim Steuerberater, mehrere Ex-Minister verschieben ihre Falschaussage vor einem parlamentarischen U-Ausschuss auf unbestimmte Zeit.

Verfassungswidrig
„Das ist verfassungswidrig, was die Gewessler da macht“, schreit Kanzler Karl Nehammer aufgebracht. „Was glaubt diese Frau Ministerin eigentlich, wer sie ist? Eine von uns?“

„Nur die ÖVP darf sich über die Verfassung hinwegsetzen. Das steht exakt so in der Verfassung“, fügt Verfassungsministerin Karoline Edtstadler hinzu. Die ausgebildete Richterin wirkt sichtlich betroffen, dass neben der ÖVP nun auch andere Parteien beginnen, Gesetze so dreist zu ignorieren. „Bundesverfassungsgesetz Artikel 1: Wenn wer von der ÖVP die Verfassung ignoriert, handelt es sich nicht um einen Verstoß, sondern um eine juristische Spitzfindigkeit.“

Besonders kritisch sieht die ÖVP, dass sich die Europäische Union über die österreichische Landeshauptleute-Konferenz hinwegsetzt: „Es kann nicht sein, dass Berlin oder Paris die Zukunft Europas gestalten, ohne sich vorher mit dem Bauernbund in Hollabrunn zu akkordieren.“

Gewessler unter Beschuss
In einer Presseaussendung bezeichnet die ÖVP Gewessler als „nicht zuständig, komplett dement und eventuell sogar leicht geistig zurückgeblieben, weil sie Fahrrad fährt wie eine abnormale Irre“. Lediglich ÖVP-Minister wie Gerhard Karner dürfen in Brüssel nicht abgesprochene Alleingänge wagen, wie zum Beispiel die Behinderung des Schengen-Beitritts von Rumänien.

Außerdem zeige eine steuergeld-finanzierte Beinschab-Umfrage: Das Land steht hinter der ÖVP. Die Studie belegt, dass elf von zehn Österreicher:innen gegen das Renaturierungsgesetz sind, und Nehammer als sexy-intelligenten Delfin betrachten, während sie in Gewessler eher eine todbringende Hyäne sehen.

Letzte Umwidmungen
Die Renaturierung rückt sekündlich näher. Jetzt muss alles schnell gehen. Mehrere ÖVP-Bürgermeister sitzen bereits mit alten Bauernwitwen beim Notar, um billig Ackerflächen zu kaufen und diese noch schnell in Bauland oder Billa-Parkplätze umzuwidmen. Die Devise: Wo nichts mehr wächst, kann auch nicht mehr renaturiert werden.

In der Not will die ÖVP-Regierungsmannschaft das Recht auf Bodenversiegelung sogar mit ihren eigenen Körpern verteidigen. „Ich verstehe mich als Rechtsstaatsaktivist", erklärt Nehammer, während er sich mit Landwirtschaftsminister Totschnig vor die Zufahrt des Gebäudes klebt, in dem die Abstimmung über das Renaturierungsgesetz stattfindet.

Als Aktivist der „Letzten Generation" kämpfe er dafür, dass die jetzige Generation auch wirklich die letzte bleibt. „Alles hat ein Ende, nur die Wurst hat zwei", lacht Totschnig schelmisch und beißt genüsslich in seine AMA-Knacker aus Vollspaltbodenhaltung. Der Kanzler nickt Verfassungsministerin Karoline Edtstadler zuversichtlich zu, während diese gerade alle drei Radständer vor dem Gebäude mit ihrem SUV blockiert.

LEBEN 19. Juni 2024

Studie: 100 Prozent aller Engelhorn-Kritiker:innen haben noch nie etwas gespendet

Foto: Roland Schlager / APA / picturedesk.com

Für Aufregung sorgt derzeit die Spendenaktion von Marlene Engelhorn: Der Bürgerrat verteilt ihre Erbschaft an zahlreiche NGOs

und linke Organisationen. Engelhorns Kritikerinnen und Kritiker fühlen sich nun bestätigt, denn sie gehen seit Jahren schon mit gutem Beispiel voran. Laut einer aktuellen Studie haben sie noch nie in ihrem Leben irgendwas gespendet.

WIEN – „So ein eindeutiges Ergebnis hatten wir noch nie", wundert sich Dr. Andreas Demmelbauer vom Meinungsforschungsinstitut *Public Onion*. „Keiner der Befragten hat jemals etwas gespendet, nicht einmal einen Cent, nicht einmal alte Kleidung, sogar Brösel, die ihnen von einem Semmerl auf den Boden gefallen sind, haben sie wieder aufgehoben, statt sie den Ameisen oder Tauben zu überlassen … Verblüffend!"

Egoistischer Sozialismus

10 Uhr, Wien-Währing, Cottage-Viertel. „Oje, die ungeöffnete Butter läuft morgen ab", sagt Studienteilnehmerin Clara nach einem Blick in den Kühlschrank. Doch an die Gruft oder Too Good To Go will sie das Lebensmittel nicht spenden. „Das wäre egoistischer, selbstsüchtiger Sozialismus." Sie wirft die Butter in den Mistkübel. „Damit die Frau Engelhorn und ihr Kommunismus nicht gewinnen." Clara trinkt ihren Lillet Spritz aus und schreibt einen wütenden Instagram-Kommentar über Engelhorn.

Die Immobilienmaklerin erklärt, ihr fehle einfach das passende Angebot. „Zweimal im Jahr kommen die Erlagscheine von ‚Licht ins Dunkel' oder der ‚Caritas', aber ich geb sicher nix her für kommunistische Tagediebe und Anarcho-Hausierer." Sie wünscht sich mehr bürgerliche NGOs wie zum Beispiel die „Autofahrer ohne Grenzen", das „Rote Giebelkreuz" oder die „Klinikclowns" (Anm.: die Ärztekammer).

Mediengeilheit

Dass Engelhorn mit ihrer Spendenaktion an die Medien gegangen ist, sorgt für Unverständnis. „Man muss so eine Spende nicht an die große Glocke hängen. Das ist mediengeil von der Frau Engelhorn", ärgert sich Ludwig von Schaffhausen, Zahnarzt, Zahnarztsohn und Zahnarztenkel aus Döbling. „Man kann sowas auch still und leise machen, ohne eine breite Diskussion über die Ungleichverteilung von Vermögen vom Zaun zu brechen."

Ludwig selbst hat, ohne je öffentlich darüber gesprochen zu haben, im Jahr 2003 ganze fünf Euro an das Rote Kreuz gespendet. „Hat man mir dafür ein Denkmal gebaut? Nein! Erzähl ich das den Medien? Nein! Wissen Sie eigentlich, wie viel fünf Euro damals wert waren? Da hätte ich auch wie die Frau Engelhorn durch alle Talkshows tingeln können." Ludwig entschuldigt sich, sein Flieger geht gleich, er ist noch zum Golfspielen in Südafrika verabredet.

Politik reagiert

Auch in der ÖVP reagiert man verschnupft auf die Verteilung von Engelhorns Erbe. Die Millionärin solle „sich gefälligst jener Partei erkenntlich zeigen, die sich in ihrem Sinne jahrzehntelang gegen Erbschafts- und Reichensteuern in Österreich eingesetzt hat", heißt es.

„Wir haben uns das durchgerechnet. Uns stehen für unsere Leistung exakt 27,5 Prozent zu", erklärt Generalsekretär Christian Stocker empört. „Geld, das jetzt an Vereine wie die Öko-Terrorgruppe ‚Naturschutzbund Österreich' oder die nordkoreanisch-stalinistische ‚Armutskonferenz' fließt, statt unseren Wahlkampf zu finanzieren", seufzt Stocker und bekreuzigt sich.

„Ein Millionenerbe zu spenden, ohne die Volkspartei zu beteiligen, das ist Kommunismus in Reinkultur." Stocker bezeichnet Engelhorn als „Heidi Horten für Arme", „Mutter Teresa der Sandler" und „Karla Marx".

Verpflichtende Abgabe?

In der ÖVP will man in Zukunft einen zweiten „Fall Engelhorn" unbedingt verhindern. „Ich finde Spenden ohnehin unnötig. Man sieht ja, wohin das führt", gibt ÖVP-Finanzminister Magnus Brunner zu bedenken. Er fordert stattdessen, Engelhorns Vermögen über eine Art verpflichtende Abgabe an den Staat abzuschöpfen, um das Geld via Parlamentsbeschluss durch demokratisch legitimierte Abgeordnete sinnvollen Projekten zukommen zu lassen. Die Partei sei jedoch auch weiterhin strikt gegen eine „kommunistische" Reichensteuer.

Trunkenheit am Steuer: Justin Timberlake wird FPÖ-Landtags-abgeordneter

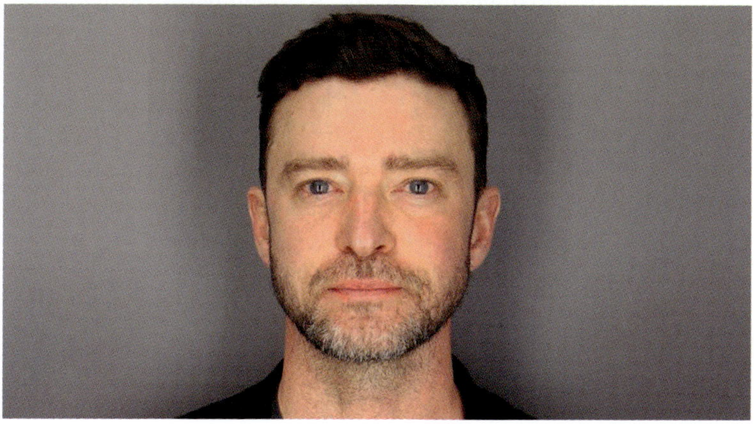

Foto: Die Tagespresse

Der US-Sänger Justin Timberlake wurde wegen Trunkenheit am Steuer kurzzeitig festgenommen. Um Konsequenzen für seine Karriere zu vermeiden, wechselt er nun zur FPÖ Niederösterreich und wird Landtagsabgeordneter. Kann das funktionieren?

ST. PÖLTEN – Glasige, gerötete Augen, versteinerte Mimik – Justin Timberlakes Mugshot geht um die Welt. „Zum Glück gibt es einen Ort, an dem es keine freien Medien, kein Internet und keine Konsequenzen gibt", erzählt Justin Timberlake voller Hoffnung und steuert seinen Tesla durch den Kreisverkehr in Hollabrunn.

„Guten Tag, ich komme aus der Stadt, die niemals schläft, und ich suche die Stadt, die immer schläft." Ein Passant zeigt ihm den Weg nach St. Pölten, Timberlake ext seine drei Bier und gibt Gas.

Herzlicher Empfang

FPÖ NÖ-Chef Udo Landbauer lässt es sich nicht nehmen, den US-Superstar persönlich zu empfangen. Mit einem „Justice-Refugees Welcome"-Anstecker am Hemd öffnet er die Fahrertür. „Wir akzeptieren jeden, egal ob E-Auto oder Verbrenner. Solange du in der Zeitung gegen E-Autos schimpfst, kannst du fahren, was du willst und mit wie viel Promille du willst“, sagt er und nimmt Timberlake herzlich in den Arm. Der US-Star kämpft mit den Tränen, er fühlt sich angekommen.

Landbauer bestellt ebenfalls drei Bier, „Damit ich noch fahren kann! Ich hab schon zwei Halbe intus.“ Timberlake und er stoßen an, während ein FPÖ-Landtagsabgeordneter am Steuer schlafend auf den Felgen funkensprühend durch St. Pölten rast und seinen Tesla um einen Baum wickelt.

Für die FPÖ gehört Timberlake schon praktisch zur Parteifamilie. „Nur am Namen müssen wir noch arbeiten“, erklärt Landbauer. „Da fehlt noch das patriotische Flair ... Wir nennen ihn jetzt Justus Bauholzsee.“ Bauholzsee lächelt gequält und zeigt mit dem Daumen nach oben.

Neuer Wahlkampfsong

Für die Freiheitlichen soll der Superstar auch einen neuen Wahlkampfsong schreiben. „Hier bitte“, lächelt Landbauer und führt Bauholzsee in ein Tonstudio. „Die Burschen da, die sind quasi die österreichischen *NSYNC.“ Bauholzsee starrt auf vier betrunkene Mitglieder der John Otti Band, die auf ihren Gitarren *SexyBack* einspielen.

Die Rolle des FPÖ-Landtagsabgeordneten ist selbst für Profi-Schauspieler Justus Bauholzsee eine Herausforderung. Mittels monatelangem Method Acting fühlte er sich in die Rolle eines Mannes mit verkümmertem Selbstbewusstsein, einem großem Ego und einer kleinen Schwäche für Nationalsozialismus ein.

Er wächst in die Rolle gut hinein: „Ich kann schon problemlos die Existenz des Coronavirus oder den Unfalltod von Jörg Haider leugnen. Nur, wenn ich die Jungfräulichkeit von Herbert Kickl in Abrede stelle, da komme ich mir zu dumm vor. Das traue ich mich noch nicht.“

Religionsunterricht Neu: ÖVP präsentiert aktualisierte *Zehn Gebote*

Foto: Andy Wenzel/BKA

Der Religionsunterricht ist unverzichtbar für das Erlernen moralischer Grundwerte. Das beweist niemand besser als die ÖVP, deren moralisches Handeln täglich neue Maßstäbe setzt. Nun will die Partei den Religionsunterricht an das 21. Jahrhundert anpassen und präsentiert die *Zehn Gebote* in neuer Fassung.

Erstes Gebot
Du sollst keine anderen Parteien links oder rechts neben uns haben.

Zweites Gebot
Du sollst nicht arm sein.

Drittes Gebot
Du sollst nicht renaturieren, was der Herr zubetoniert hat.

Viertes Gebot
Du sollst keine anderen Treibstoffe haben
neben Benzin und Diesel.

Fünftes Gebot
Du sollst nicht töten, außer du arbeitest bei Frontex
und schützt die Festung Europa.

Sechstes Gebot
Du sollst nicht stuhlen vor deines Nächsten Tür.

Siebtes Gebot
Du sollst jeden Sonntag den Herrn Fellner
mit Inseraten lobpreisen.

Achtes Gebot
Du sollst falsch Zeugnis reden über deinen Nächsten
im U-Ausschuss.

Neuntes Gebot
Du sollst nicht begehren Einsicht in deines Nächsten Chats.

Zehntes Gebot
Du sollst keine anderen Götter haben neben der Raika,
dem Bauernbund, der Industriellenvereinigung
und der WKÖ.

„Würde es besser machen“: Doskozil stellt Rangnick infrage

Foto: wikimedia / Steffen Prößdorf / Arne Müseler

Nur 3:1 gegen Polen und 3:2 gegen die Niederlande, den Gruppensieg erst im allerletzten Spiel gerade noch irgendwie ergaunert: Der burgenländische Landeshauptmann Hans Peter Doskozil beklagt die durchwachsene Leistung des ÖFB-Teams. Er selbst könne es besser, so Doskozil, der als Teamchef prinzipiell zur Verfügung stehe.

EISENSTADT – „Na dann, alles Gute fürs Achtelfinale! In den Umfragen liegen wir immer noch hinter Spanien und Deutschland“, kommentiert Doskozil sarkastisch und dreht den Fernseher ab. Es schmerzt den Sozialdemokraten sichtlich, sein ÖFB-Team in diesem Zustand zu sehen.

„Nach dem Ausscheiden werden sich die Verantwortlichen natürlich rechtfertigen müssen“, erklärt er in einer Presseaussendung mit dem Titel *Doskozil mischt sich vorerst nicht in Trainerdiskussion ein bis heute 23 Uhr.*

Kurze Schonfrist

Jetzt sofort will Doskozil das Team ohnehin nicht übernehmen. „Lassen wir den Rangnick mal arbeiten. Der unnötige Piefke braucht jetzt Ruhe. Die Gremien haben ihn gewählt, und jetzt kann er sich beweisen und zeigen, ob er das liefert, was er uns versprochen hat", erklärt der Landeshauptmann in einer eilig einberufenen ORF-Pressestunde heute früh.

„Was dann im Herbst passiert, werden wir sehen. Ich kann nur sagen, unter einem Hans Peter Doskozil ist bei der Europameisterschaft auch ein Weltmeistertitel möglich."

Kritik an Taktik

Besonders kritisch sieht der „Mourinho von Mattersburg" die Taktik von Rangnick. „Das Gegenpressing, das schnelle Umschaltverhalten der Außenverteidiger, das widerspricht meiner Vision, die ich im Kaiser-Doskozil-Papier skizziert habe, das nach mir benannt wurde, dem Landeskaiser Doskozil", verlautbart der Burgenländer in einer Werbebotschaft am New Yorker Times Square.

Der „Guardiola aus Gols" fordert mehr österreichische Tugenden im Team. „Wir stehen in der Viererkette zu weit links. Der rechte Flügel braucht massiv mehr Gewicht, wir müssen den Gegner von hinten umgrätschen und aus dem moralischen Abseits Treffer landen."

Im Gegensatz zu Rangnick verwendet der Landeshauptmann keinerlei moderne Analysemethoden. „Man wird mich nicht mit einem Tablet am Spielfeldrand sehen. Mit Computern hab ich schlechte Erfahrungen gemacht im Kampf um Platz Eins."

Vielseitiges Talent

Doskozil sieht sich nicht nur für die Rolle des Trainers geeignet. Er könne auch problemlos als Verteidiger, Mittelfeldspieler, Stürmer, Linien- oder Schiedsrichter und UEFA-Boss eingesetzt werden und zeitgleich die Spiele auch moderieren. Allerdings nur in Verbindung mit ihm in der Rolle des Teamchefs.

Sollte er aufgrund unerfindlicher Gründe nicht Teamchef werden, würde er sich jeder anderen Position verweigern. „Fußball ist ein Teamsport, darum ist es wichtig, dass sich jeder Spieler und Funktionär bedingungslos hinter mir versammelt und meinen Anweisungen uneingeschränkt folgt", ist sich Doskozil sicher.

Morgen danach

Berlin, 10 Uhr: Während sich das ÖFB-Team müde, aber glücklich, beim Frühstück im Hotel versammelt und über die wilde Nacht mit Werner Kogler und Karl Nehammer in den berüchtigten Berliner Clubs redet – Nehammer schaltete offenbar den Berghain-Türsteher per High Five aus – sitzt zur Überraschung aller Hans Peter Doskozil ebenfalls beim Buffet.

„Grias eich, Burschen, super gemacht", lächelt er. „Ignorierts mi einfach, i schau nur ... und geb vielleicht ein paar Interviews. Das Wichtigste is einfach, dass ihr jetzt Ruhe habt", erklärt Doskozil und stellt Rangnick am Weg zur Eierspeise ein Bein.

SPORT 1. Juli 2024

Wegen knapper Abseitsentscheidungen: Immer mehr Fußballer lassen sich Zehen amputieren

Foto: ZDF/Screenshot

Millimeterknappe Abseitsstellungen sorgen bei der EM für Ärger bei den Stürmern. Dank modernster Sensoren und Kameras wird jede noch so knappe Überschreitung sofort erkannt. Mit einfachem Zehennägelschneiden ist es nicht mehr getan – erste Profifußballer reagieren nun und lassen sich die Zehen gleich ganz amputieren.

BERLIN – „Vielleicht den mittleren auch noch?“, fragt der spanische Star Rodrigo die Schönheitschirurgin, die bereits seine beiden großen Zehen amputiert hat. Der Stürmer will vermeiden, dass er im Endspurt des Turniers ähnliche Schicksale erleiden muss wie seine Kollegen.

Stolz begutachtet Rodrigo seine zwei neuen Klumpfüße im Spiegel und lässt sich von Nike neue Schuhe anpassen. „Okay, vom fußballerischen Niveau bin ich jetzt eher so Cashpoint Altach, aber wenigstens steh ich nicht mehr im Abseits.“

Erste Gehversuche

Beim ersten Training nach dem Eingriff humpelt Rodrigo in blutigen Bandagen über den Platz. Oft muss sein Team bei einem Angriff mehrere Minuten im gegnerischen Strafraum auf den Stürmer warten. Außerdem ist das Annehmen von Pässen aufgrund starker Kontaktschmerzen mit dem Ball nur wenige Male pro Spiel möglich, jedoch auch das bewahrt den Starspieler vor der Abseitsfalle.

Auch der Engländer Phil Foden geht keine Risiken mehr im Viertelfinale ein, nachdem ihm gestern ein Tor aberkannt wurde. „Zahlt das die Krankenkasse?“, fragt er die Ärztin und zückt seine e-card. „Natürlich, das ist ja im Interesse der Allgemeinheit, dass uns keine Tore mehr aberkannt werden“, antwortet sie und entfernt einen Zehennagel vom Sägeblatt. „Soll ich Ihnen den Arm auch gleich wegmachen? Der schwingt beim Laufen oft störend mit.“

Der französische Superstar Kylian Mbappé hat die Entwicklung bereits vorausgesehen. „Ich habe mir gleich direkt in der ersten Partie am Spielfeld von dem renommierten Chirurgen Dr. Kevin Danso die Nase so verbiegen lassen, dass sie nicht ins Abseits hinein, sondern nach hinten vom Abseits weg zeigt.“

Gesetz ist Gesetz

Die knappen Abseitsstellungen ziehen sich bereits durch das ganze Turnier. „Der Däne Andersen stand nur mit der Zehenspitze im Abseits“, erklärt der deutsche VAR Stefan Schweiger. „Aber Gesetz ist Gesetz, ich bin nicht Schiedsrichter geworden, um Menschen Freude zu bereiten, sondern weil mich im Schulbus immer alle gehänselt und dann in der Klasse verkehrt in die Mülltonne gesteckt haben.“

Schweiger analysiert mehrere knappe Entscheidungen am Monitor. „Wir hatten noch härtere Fälle als den Dänen. Bei einem Rumänen haben wir eine Wimper über der Grenze entdeckt. Und wahrscheinlich müssen wir auch das Cordoba-Tor von Hans Krankl gegen Deutschland wieder aberkennen, weil im Wind seine Vorhaut zu weit Richtung Tor geflattert ist, sorry."

Doch der Einsatz des Trackingsystems im Ball wird von vielen Spielern kritisch gesehen. „Fußball lebt von den Emotionen, von knappen Entscheidungen, die wir Menschen treffen, nicht irgendwelche kleinen Robotern, die im Ball eingenäht sind", seufzt ÖFB-Star Marko Arnautovic. „Wo bleibt der menschliche Faktor, wenn auf einmal der VAR sofort checkt, wenn ich bei einem Eckball wen halte, zwicke, ihm das Bein stelle oder sein Leben kaufe?"

Zukunftsmusik

Bei der UEFA plant man aber bereits weiter. „Die NASA hat uns leider die Verwendung des Hubble-Teleskops untersagt, weil sie es für irgendwelche unwichtigen Dinge benötigen wie die Forschung, die Weiterentwicklung der Menschheit und die Suche nach Außerirdischen", schüttelt Funktionär Marek Nowak den Kopf. „Denkt denn niemand an das Match Rumänien gegen die Niederlande? Quo vadis Menschheit?"

Kickl attackiert UEFA: Mittlerweile genauso viele Türken am Spielfeld wie Österreicher

Foto: Robert Jaeger / APA / picturedesk.com / depositphotos.com (M)

Jahrelang hat die FPÖ davor gewarnt, nun ist es Realität geworden: Die Österreicher werden heute am eigenen Spielfeld nicht mehr die Mehrheit stellen. Der Anteil an türkischen Staatsbürgern beträgt beim heutigen Spiel 50 Prozent. FPÖ-Chef Herbert Kickl sieht sich bestätigt und attackiert nun die UEFA.

LEIPZIG – Lokalaugenschein im Stadion. Kickl bahnt sich unauffällig, als Balljunge verkleidet, seinen Weg durch die Kabine. Überall hört er türkische Stimmen, der Geruch fremder Gewürze und von Axe-Spray liegt in der Luft, auf der Tribüne ruft der Muezzin zur La Ola-Welle. Kickls schlimmste Befürchtungen haben sich bewahrheitet.

„Wir sind nicht mehr Herr im eigenen Strafraum", seufzt der selbsternannte Volksspielführer und streift sich die ÖFB- und DFB-Kapitänsbinden über seinen rechten Arm. „Früher hätte es das nicht gegeben. Da waren wir Österreicher in den Länderspielen noch in der Überzahl, alle Spieler waren großgewachsene, attraktive, starke Männer mit überlegenem Genmaterial – genau wie ich. Jetzt haben wir stattdessen eine tückische Türkenbelagerung."

Offene Fragen

Noch ungeklärt ist die Frage, wie das türkische Nationalteam überhaupt ungehindert nach Europa einreisen konnte. Laut Kickls Informanten kam das Team – allesamt junge, kräftige Männer – nicht zu Fuß über die Balkanroute, sondern wurde mithilfe der international agierenden Schlepperorganisation „Lufthansa" eingeschleust.

Einem echten Job geht keiner der türkischen Staatsbürger nach. Stattdessen spielen sie den ganzen Tag nur Fußball, moniert Kickl: „Die wohnen im Hotel und haben die neuesten iPhones, da stellt sich die Frage: Zahlt die Caritas die Fußball-EM? Welche Rolle spielt Herr Soros? Warum gibt es so viele medizinische Betreuer neben dem Feld? Hat die WHO ihre Finger im Spiel?"

Verbaler Rundumschlag

Kickl kritisiert auch die linkslinken ÖFB-Funktionäre, die bei jeder Gelegenheit Fendrichs *I Am From Austria* abspielen. „Dieser abstrus-entartete, agitatorische Austropop-Song diffamiert unser schönes Österreich als ein Land voller Ratten mit dunkler Vergangenheit." Der FPÖ-Chef plädiert stattdessen für die neue Hymne. „Nicht die alte Version mit großen Töchtern und so, sondern die neue, das mit: Deutschland den Deutschen, döp dö dö döp."

Für Kickl ist Servus TV nun auch unten durch. „Wer dieses globalistische Gutmenschenspektakel mit Muslim-Quote auch noch an Hunderttausende Haushalte überträgt, ist mitverantwortlich an der falsch verstandenen Toleranz gegenüber mordenden Messermigranten aus Afrika", wütet Kickl. „Und die widerlichen Willkommensklatscher im Stadion werden noch ihr blaues Wunder erleben!"

Schock droht

Der FPÖ-Chef warnt bereits vor dem nächsten Kulturschock im Viertelfinale. „Da treffen wir vielleicht auf Holland oder Rumänien. Die verkifft-verluderten Holzschlapfen-Holländer spielen hier nur auf Spielfeldern voll mit Gras. Und bei den Rumänen hört man, dass sie sich den EM-Pokal schnappen wollen, diese organisierten Ostbanden!" Während Kickl tobt, fährt der Platzwart mit dem Mähtraktor über das Feld und den FPÖ-Chef, der unter einem kleinen Häufchen Mulch verschwindet.

Nur mehr zweitunfreundlichstes Land der Welt: Regierung präsentiert Maßnahmenkatalog

Foto: Regina Aigner/BKA

Unser Kulturgut ist in Gefahr! Österreich belegt laut einer Umfrage von Expat Insider nur mehr Rang 2 in der Liste der unfreundlichsten Länder der Welt. Die Regierung schnürt nun eilig ein Paket an Maßnahmen, die Österreich dahin führen sollen, wo es hingehört: zurück an die Spitze, ihr Wichser.

Hop-On Fuck-Off Busse

Foto: Die Tagespresse

Der Floridsdorfer Buschauffeur Rudl (57) fährt Touristen gegen eine hohe Gebühr zwei Stunden lang durch Transdanubien und setzt sie dann vor einem zwielichtigen Bordell in der Brünner Straße aus. Hals- und Beinbruch!

Ende für Elmayer

Foto: Manfred Werner/Tsui (Montage)

Benimmpapst Thomas Schäfer Elmayer bekommt ein lebenslanges Berufsverbot. Der Wegscheider übernimmt die Tanzschule Elmayer, um Kinder zu kleinen Hasspredigern auszubilden.

Asozialleistungen

Foto: Die Tagespresse

Staatliche Anreize sollen besser gesetzt werden. Die Pendler-Pauschale wird ersetzt durch die Rempler-Pauschale, statt Kinderbeihilfe kommt die Schwindlerbeihilfe. Die Medienförderung für Boulevardmedien bleibt unverändert.

Reißnagel in jeder siebten Sachertorte

Foto: Hotel Sacher

Sie verspeisen im Hotel Sacher eine original Sachertorte und spüren plötzlich starke Schmerzen im Mundraum, ausgelöst durch den staubtrockenen Teig. Als zusätzliche Überraschung dürfen sich Touristinnen und Touristen nun auf Reißnägel in jeder siebten Sachertorte freuen. Guten Appetit!

Nachtruhe abgeschafft

Foto: Die Tagespresse

Ab sofort ist Rasenmähen, Heckenschneiden und Musizieren zwischen 22 und 6 Uhr erlaubt. Wer sich bei der Polizei beschwert, wird wegen Störung des Nachtlärms angezeigt und muss mit einer empfindlichen Geldstrafe rechnen.

Wels International Airport

Foto: Die Tagespresse

Touristinnen und Touristen sollen gleich nach der Landung das wahre Gesicht Österreichs sehen. Der Flughafen Schwechat wird geschlossen, alle Flieger landen jetzt in Wels. Statt dem *Donauwalzer* wird *Ausländer Raus, Deutschland den Deutschen* gespielt. Am Hauptplatz gibt es keine Konzertticketverkäufer in Mozart-Kostüm, sondern Männer in Hitler-Uniform.

Hundstrümmerl-Bonus

Foto: Die Tagespresse

Treiben Sie Ihre gesamte Nachbarschaft mit heimtückisch platzierten Hundstrümmerln vor Supermärkten oder Schulen zur Weißglut und kassieren Sie am Ende des Monats für jedes Hundstrümmerl 50 Euro.

Messergebotszone

Foto: Die Tagespresse

Alle Österreicherinnen und Österreicher müssen beim Betreten des öffentlichen Raums ein Messer mitführen und dieses bei kleinsten Konflikten sofort einsetzen. Die Polizei wird das Mitführen eines Messers engmaschig kontrollieren. Bei Verstößen droht eine Strafe von bis zu 3600 Euro.

Kaffeemaschinen in Wiener Kaffeehäusern unter Denkmalschutz

Foto: Dr. Bernd Gross/CC-BY-SA 3.0

Damit der grässliche Kaffee in den klassischen Innenstadt-Cafés für immer erhalten bleibt, stellt das Denkmalamt alle Nespresso-, WMF- und Delonghi-Vollautomaten in den Gastrobetrieben unter strikten Schutz. Für jede Kalkreinigung muss eine Genehmigung eingeholt werden. Selbstverständlich müssen die Kaffeepreise aufgrund der erhöhten Erhaltungskosten verdoppelt werden.

Hanger Management-Kurse

Foto: Parlamentsdirektion/Photo Simonis

Menschen, die unter Wutausbrüchen leiden, werden durch gezieltes Hanger Management noch wütender gemacht. In Therapiesitzungen mit Wut-Coach Andreas Hanger lernen Sie, Ihr Verhalten noch aggressiver zu gestalten.

Ehrliche Tourismusslogans

Foto: Steiermark Tourismus (Montage)

„Urlaub bei Freunden“? „Wien ist anders“? Mit heuchlerischen Botschaften wie diesen verbargen viele Regionen in Österreich jahrelang ihr wahres Ich. Slogans wie „Amstetten – Nur in der Fettn“, „In Linz beginnt’s (die Heroinsucht, Anm.)“ und „Steiermark – Das braune Herz“ räumen nun mit falschen Mythen auf.

Volkskanzler Kickl

Foto: Parlamentsdirektion/Johannes Zinner

Diese Maßnahme läuft schon seit knapp fünf Jahren: Die Regierung tut alles, damit die FPÖ im Herbst den ersten Platz erzielt, etwa die Teuerung nicht zu bekämpfen oder beim Corona-Management zu versagen. Sehr vorausschauend! Ab Herbst wird jeder, der nicht aussieht wie ein Bierzelt-Nazi mit einer Schwäche für Inzest und russischen Völkermord, vom blauen Polizeistaat gegängelt.

Um Männer zufriedenzustellen: Linzer Dom bekommt Statue von gebärendem Jesus

Foto: Mariendom / Franz Wurzinger (Montage)

Die oberösterreichische Volksseele kocht: Der im Linzer Dom ausgestellten Statue der halbnackten gebärenden Maria wurde der Kopf abgeschlagen. Um die Kritiker zu besänftigen, wird die Statue nun adaptiert. Ab sofort sieht man im Dom einen gebärenden Jesus.

LINZ „Das ist vulgär und pervers", tobt ein oberösterreichischer Kirchgänger beim Anblick der gebärenden Maria. „Wir sind hier in einer Kirche! Was sollen denn unsere Kinder denken? Das traumatisiert sie! Hier sollten nur normale Dinge zu sehen sein – wie zum Beispiel ein ans Kreuz genagelter weißer Mann aus dem Nahen Osten oder Enthauptungen von Ketzern. Und wenn schon Frauen, dann welche am Scheiterhaufen. Aber doch nicht eine Jungfrau, die ein Kind gebiert!"

Wie viele andere Oberösterreicher befürchtet er, dass der Anblick der Geburt bei Kindern schmerzhafte Erinnerungen an die eigene Geburt heraufbeschwören könnte.

Vandalenakt

Kurz darauf ist es so weit: In einem unbeobachteten Moment wird Maria der Kopf abgesägt. „Selber Schuld. Wär's ka Frau geworden", rechtfertigt sich der Täter. Den Kopf will er sich behalten. „Aus dem Holz mach ich einen Demogalgen. Wir brauchen einen neuen für die Hauptschule. Dort hat der Lehrer behauptet, die Autobahnen wurden von der ASFINAG geschaffen statt von Gott. Leider haben ihn meine sachlichen Morddrohungen auf Telegram noch nicht zum Einlenken gebracht."

Neue Statue

Im Linzer Dom wird gerade eine neue Statue auf das Podest gehievt. „Der gebärende Jesus. Super, oder? Zu der neuen Statue sind wir quasi wie die Jungfrau zum Kind gekommen", freut sich Dompfarrer Christoph Karl. „Das sollte die männliche Kirchengemeinde beruhigen und den Kritikern den Wind aus den Segeln nehmen."

Er versteht, dass die Darstellung einer gebärdenden Frau auf Missfallen stößt. „Da fragen sich manche zurecht: Was hat Fantasy und Science Fiction in einer Kirche zu suchen? Babys bringt ja der Storch", so Karl weiter. „Das könnte viele ablenken, während sie Tatsachenberichte darüber hören, wie Jesus über das Wasser ging und in den Himmel auffuhr."

Positive Resonanz

Jesus, der gerade in den Wehen liegt, kommt bei den Linzer Männern derzeit gut an. „Das ist ein wichtiges Zeichen gegen den linken Genderwahn. So was brauchen wir in der Kirche nicht. Jesus war ein ganz normaler männlicher Mann, der lange Frauenhaare trug, Frauenkleider anhatte und sich als Sohn Gottes identifizier... Scheiße ... Na geh ...", seufzt Manfred Mann (56).

Nächster Zwischenstopp: Orbán besucht Voldemort

Foto: Die Tagespresse

Der kontroverse Besuch von Ungarns Premier Viktor Orbán bei Putin in Moskau und Xi in Peking war erst der Anfang. Heute Mittag erreichte der ungarische Staatschef Großbritannien. Dort traf er Voldemort, Lord der dunklen Mächte und Anführer der Todesser. Kann Orbán einen Frieden zwischen dem vielfach angefeindeten, aber auch bewunderten Zauberer und den Muggeln vermitteln?

GROSSBRITANNIEN – Viktor Orbán hat einen Lauf: Nach den Besuchen bei Putin und Xi steht heute ein weiterer international viel beachteter Staatsbesuch an, der in der EU für Irritation sorgt: Lord Voldemort.

Erst heute Vormittag bombardierte Voldemort ein Muggel-Kinderkrankenhaus – ein weiteres Kriegsverbrechen in einer langen Serie, die seit Jahren anhält und bereits Zehntausende Tote gefordert hat. Außerdem steht er im Verdacht, mehrere Oppositionelle mit dem international geächteten „Avada Kedavra"-Fluch ermordet zu haben.

Suche nach Kompromiss

Orbán lässt die Kritik kalt. „Ich bin nicht hier, um darüber zu urteilen, ob so etwas wie ein Massenmörder gut oder schlecht ist", betont Orbán vor dem Herrenhaus der Familie Malfoy, dem aktuellen Versteck von Voldemort.

„Ich möchte einen Kompromiss finden. Durch's Reden kommen die Leut zam! Wer weiß, vielleicht gibt sich Voldemort ja zufrieden, wenn sich nur die Hälfte aller Muggel seiner Herrschaft unterwerfen", so Orbán.

Bei einem gemeinsamen Abendessen im „Tropfenden Gulaschkessel" wollen die beiden auch weitere relevante Fragen erörtern, unter anderem, wie man seine Seele aufteilt und in einem Horkrux speichert, um unsterblich zu werden.

Lebenslange Treue

Der ungarische Premier zeigt mit dem Daumen nach oben, dabei verrutscht sein Sakko. Schnell zupft sich Orbán sein Hemd zurecht, um sein dunkles Mal, das nur Todesser tragen, zu verbergen. „Das … äh, das war nur ein kleiner Hotpot-Unfall in Peking, nichts Schlimmes", erklärt er nervös lächelnd.

Orbán und Voldemort verbindet seit jeher eine enge Freundschaft. Gemeinsam waren sie während ihrer Zeit in Hogwarts im Haus Slytherin untergebracht und spielten im selben Quidditch-Team. Orbán brach sein Studium der „Verteidigung gegen die demokratischen Künste" aber frühzeitig ab und konzentrierte sich auf seine Karriere in der Muggel-Politik.

EU und Zaubereiministerium ausgetrickst

Für Voldemort ist der Besuch ein großer politischer Erfolg. „Er kann nun allen zeigen, dass er keineswegs international isoliert ist und die Sanktionen der EU und des Zaubereiministeriums gegen ihn wirkungslos bleiben", erklärt Dr. Michael Wachsler vom Institut für Internationale Beziehungen an der Uni Wien. „Viele wollen ihn gerne vor Den Haag oder in Askaban sehen, damit er für seine Verbrechen zur Verantwortung gezogen wird."

Die EU sieht Orbáns Treiben weiterhin tatenlos zu: „Was sollen wir tun? Er hat jetzt eine Allianz geformt mit dem dunklen Riesen aus dem Hause der Tschechei und dem Herbert Wurmschwanz aus dem

Hause Austriakus", seufzt Ursula Von der Leyen. „Wenn wir eines aus den letzten Tagen von Großbritannien oder Frankreich gelernt haben, dann, dass man Rechtspopulismus einfach nicht stoppen kann."

Weiterer Reiseplan

Der ungarische Staatschef hat sein Hotel bereits wieder verlassen, er bricht zu neuen Ufern auf. „Morgen treffe ich in Gotham City den Joker. Wir besprechen eine Spitalsreform." Sein Abendessen mit Johanna Mikl-Leitner hat Orbán jedoch abgesagt: „Man verhandelt nicht mit skrupellosen Despoten."

POLITIK 9. Juli 2024

Diese Kleinparteien wollen bei der Nationalratswahl antreten

Foto: Die Tagespresse

Es wird ernst: Bis 2. August müssen Kleinparteien 2600 Unterschriften sammeln, um im Herbst bei der Nationalratswahl antreten zu dürfen. Diese Gruppierungen wetteifern um eine Zulassung:

Die Heroinpartei

Bier ist lustig – aber Heroin auch! Während andere Politiker einen Schuss haben, setzt sich die Heroinpartei lieber einen. „Andere Spitzenkandidaten sind Wichser, unser Parteichef Marco Drogo ist Fixer. Freut euch auf viele weitere Heroinwitze! Es wird so lustig! Wir legen den Finger in die Wunde, versteht ihr? Wegen Heroin, das was man sich spritzt in den Arm", verspricht die Partei einen lustigen Wahlkampf, der TU-Incels, die mit 40 noch aufs Nova Rock fahren und lustige T-Shirts tragen, ansprechen soll. Programm gibt es zwar keines, dafür aber Inhalte, die durch Mark und Knochen gehen. Wahlversprechen: Sie werden von dieser Partei nicht genug kriegen können!

Wir wollen einfach heim aus Ebreichsdorf HILFE!!!!!

Mit einer ambitionierten Forderung macht die Kleinpartei Wir wollen einfach heim aus Ebreichsdorf HILFE!!!!! auf sich aufmerksam. Die Parteigründer stecken bis heute in Ebreichsdorf fest und fordern das Recht auf einen Shuttlebus zum Bahnhof. Als Wahlziel haben sie sich eine Nacht erholsamen Schlaf im eigenen Bett gesteckt, eine eher langfristige Perspektive.

Liste Zweite Kassa

Am Gründungskonvent im Billa Praterstern wurde per basisdemokratischem Beschluss eine einzige Forderung ins Parteiprogramm geschrieben: eine zweite geöffnete Kassa. Nach einem gemeinsamen Besuch der Feinkostabteilung eskalierte die Situation, weil nur eine Kassa geöffnet war – zehn Schwerverletzte.

Österreichische Vermieterpartei

Die Österreichische Vermieterpartei, kurz ÖVP, will für eine diskriminierte Randgruppe eintreten, deren Anliegen bisher immer ignoriert wurden: Wohnungseigentümer. Sie gewähren Obdach gegen eine kleine Aufwandsentschädigung von 35 Euro pro Quadratmeter, als Dank erhalten sie nicht einmal Trinkgeld. Stattdessen drangsaliert man sie mit bürokratischen Folterwerkzeugen wie E-Befund, Energieausweis und Nutzwertgutachten. Es reicht! Remax statt Remigration!

BZÖ – Banden Zukunft Österreich

Egal ob Syrer mit Messern, Tschetschenen mit Faustfeuerwaffen oder Kärntner mit einer dunklen Vergangenheit bei der FPÖ – im BZÖ schließen sich erstmals alle professionell agierenden Banden zusammen, um Synergien zu nutzen. „Geld her, oder ich fahr dich tot“ lautet das Credo des irren Bandenführers Peter „Horror-Hojac“ Westenthaler, dann rast er auf einen Polizisten zu.

Robert Hartlauer – Tigern Sie zur Wahlurne

Ein besonderes Gimmick hat sich die Liste Robert Hartlauer für den Wahltag im September überlegt. Sollte es am Wahlabend nicht schneien, wird sie sich selbst zum Wahlsieger erklären und gewaltsam in die Regierung und Schlüsselministerien putschen. Als Erstmaßnahme in Regierungsverantwortung erhält jede:r Österreicher:in einen kostenlosen Hörtest und eine Gleitsichtbrille um 0,- Euro.

SPÖ

Die SPÖ (Sozialdemokratische Partei Österreichs, Anm.) ist eine nebulöse Kleinstpartei, die am Wahlabend wohl nur eine Randerscheinung darstellen wird. Der Vollständigkeit halber haben wir sie hier dennoch aufgeführt. Wofür sie steht, weiß sie selbst nicht: für oder gegen Asyl, für oder gegen die EU, für oder gegen die Ukraine – es bleibt spannend.

Liste Hörl – Keine Seilbahn ist illegal!

Refuskis welcome! Hörl unterscheidet nicht zwischen inländischen und ausländischen Skigästen, solange sie bereit sind, gemeinsam die Alpen zu zerstören, sich mit drei Promille das Kreuzband zu reißen und beim Après-Ski mit notgeilen Tiroler Skilehrern eine weltweite Murmeltier Syphilis-Pandemie zu starten. Hörl möchte eine Perspektive bieten: Wer sich brav in der Skihütte integriert, bekommt einen österreichischen Skipass.

Spielt den ganzen Tag nur Fußball: Eltern von Yamal (16) besorgt um Zukunft ihres Sohnes

Foto: depositphotos.com (M)

Während Gleichaltrige die Schulbank drücken, verbringt der 16-Jährige Teenager Lamine Yamal aus Barcelona den ganzen Tag auf dem Fußballplatz. Seine Eltern wenden sich nun besorgt an DIE TAGESPRESSE. Sie fürchten um seine Zukunft.

BARCELONA – In der Familie Yamal hängt der Haussegen schief. „Der Lamine hätte heute ein Referat halten sollen – Der Barbier von Sevilla", seufzt seine Mutter Sheila und rührt kopfschüttelnd in der Paella. „Aber das Reclam-Heftl liegt ungelesen am Schreibtisch. Ich weiß nicht, wo sich der Owezahra schon wieder rumtreibt."

Sie schaut aus dem Fenster und schmeckt die Paella ab. „Am Spielplatz ist er nicht, im Garten ist er auch nicht. Die Nachbarin hat gesagt, sie hat den kleinen Zampano gestern nach 22 Uhr noch im Fernsehen gesehen, am Fußballplatz. 22 Uhr! Da bist du als Mutter sprachlos. Ein Nichtsnutz, wie sein Vater." Sein Vater nickt zustimmend und schaufelt mit leerem Blick die Paella in sich hinein.

Neidisch blickt Sheila hinüber zu den Nachbarn. „Die Valeria von den Garcías auf Tür 12, die kriegt lauter Einser und geht daneben noch dreimal wöchentlich in den Violinunterricht. Die zieht dem Lamine gerade davon, aus der wird bestimmt mal was, eine Ärztin oder Anwältin oder vielleicht sogar eine Immobilienmaklerin." Die Mutter beginnt zu schluchzen, sie ist mit ihrem Latein am Ende.

Schiefe Bahn?

Sheila sorgt sich um die Zukunft ihres Sohnes. „Jeder weiß doch, wie das endet mit dem Fußball: Er gerät auf die schiefe Bahn und landet irgendwann als ORF-Experte an der Seite von Pariasek und Mählich. Noch schlimmer wär nur noch, wenn mein lieber Lamine in die Prostitution abrutscht und sich mit einem Tipp3-Anstecker ins Studio zu Servus TV setzt. Da würde ich ihn enterben, sofort." Sie bekreuzigt sich nervös.

Auch das Finanzielle spiele eine Rolle, betont sein Vater Mounir, während er auf YouTube ein drei Sekunden langes Highlight-Video von Stefan Maierhofer schaut. „Ja, ich verstehe, wenn sich der Lamine von solchen Vorbildern anstecken lässt. Er hofft halt, dass er auch mal so dribbeln kann wie der Major. Aber das sind Hirngespinste. Als 16-Jähriger verstehst du noch nicht, dass das, was du auf YouTube siehst, extrem unrealistisch zu erreichen ist."

Mounir schüttelt den Kopf und macht sich ein Estrella auf. „Wenn der Lamine auf der HTL in Mödling die Matura machen würde, könnte er mal als Ingenieur bei der STRABAG anfangen, dann wär er ein gemachter Mann und würd sicher auch eine Freundin finden. Für die Damenwelt interessiert er sich sowieso nicht, nur Fußball, Fußball, Fußball, das AXE-Deo, das ich ihm gekauft hab, steht unbenutzt im Bad."

Ratloser Vater

Vater Mounir weiß sich nicht mehr zu helfen. „Vielleicht ist es an der Zeit, meinen Sohn zu enterben", erklärt der studierte Kommunikationswissenschaftler (Uni Wien 2008), beugt sich über den Haufen an Dokumenten auf seinem Tisch und streicht auf jedem einzelnen Blatt Lamines Namen durch. Statt Lamine soll seine Schwester das Familienauto (Toyota Yaris, Erstzulassung 1999, kein Pickerl) und Mounirs Zehennägelsammlung erben.

Update (14:37)
Kurz vor Redaktionsschluss erreicht uns die Nachricht, dass Lamine beim Finale am Sonntag fehlen wird. „Der junge Mann hat Hausarrest, damit er einmal über seinen Hallodri-Lebensstil nachdenken kann", erklären die Eltern gegenüber spanischen Medien. Außerdem beginne Yamal am Montag mit seinem L17-Führerschein. „Vielleicht schafft er da endlich einmal einen schönen Abschluss, auf den man stolz sein kann", so der Vater kopfschüttelnd.

WELT 15. Juli 2024

USA: Radikalisierter Irrer schießt auf radikalisierten Irren

Foto: Gene J. Puskar / AP / picturedesk.com

Während ein radikaler Irrer in Pennsylvania zu seinen Fans sprach, tauchte plötzlich ein anderer radikaler Irrer auf – und schoss auf ihn. Die USA stehen nun an einem Scheideweg. Die ganze Nation fragt sich: Wie radikal und irre kann eine demokratische Gesellschaft überhaupt noch sein?

PENNSYLVANIA – Dutzende Pick-Ups mit Südstaaten-Flaggen und NRA-Stickern auf der Heckscheibe parken auf Radwegen. Männer erschießen lachend im Spaß kleine Kätzchen. Frauen treten anderen Frauen vor einer Abtreibungsklinik in den Bauch. Es ist ein ganz normaler, idyllischer Nachmittag im beschaulichen Pennsylvania.

Normale Wahlkampfrede

„Erinnert ihr euch noch daran, wie diese kriminelle Nancy Pelosi, Nervous Nancy, und ihr Ehemann zu Hause überfallen und mit einem Hammer attackiert wurden?", lacht der amtsbekannte Psychopath und Kappenverkäufer Donald T. aus New York während seiner Rede mit dem Titel Project 2025: Fuck Mexicans, Shoot Women, Kill Everyone!

Seine Fans applaudieren. „So geht man doch bitte nicht mit Demokratinnen um. Ein Hammer? Die hätte auf der Stelle erschossen gehört, ha ha ha." Der gescheiterte Hotelier T. macht lachend ein Gewehr nach: „Bing, bing, bing." Seine Fans jubeln und skandieren: „USA, USA, USA!"

Doch plötzlich hallen echte Schüsse durch die Luft. Auf einem Dach versteckt, schießt offenbar ein weiterer radikalisierter Irrer auf den Irren am Podium. Die Lage ist unübersichtlich. „Da sind überall Hunderte radikalisierte Irre", schreit ein Mann vom Secret Service in sein Funkgerät. „Auf wen sollen wir zuerst schießen?" „Egal, einfach draufhalten", schreit sein Kollege und feuert wahllos in die Menge. „USA, USA, USA!", brüllen Menschen, während sie sich vor dem Kugelhagel verstecken.

Betroffener Präsident

Präsident Joe Biden räuspert sich 30 Minuten lang, seine Rede zur Lage der Nation beginnt pünktlich um 8 Uhr – vier Stunden, nachdem Bidens Gehirn bereits Feierabend gemacht hat. „Diese Form der Gewalt hat in unserer Gesellschaft nichts – ha ha ha ha ha ha ha ha, sorry, aber es ist einfach perfekte dramatische Ironie." Biden reißt sich zusammen und wird ernst. „Ich wünsche JFK jedenfalls eine rasche Genesung, ich brauche ihn als meinen Vice President. Abschließend wollte ich Ihnen noch Folgendes mitgeben: Gut. Besser. Gösser! Frag doch den Inder! Tigern Sie zum Löwen, Ihr Robert Hartlauer."

Der US-Präsident macht eine tiefe Verbeugung und verabschiedet sich auf Japanisch. Die Kameras gehen aus, Bidens Mitarbeiter stehen mit offenen Mündern im Studio. „Wie war ich? Gut, oder?

Heute hat's mir irgendwie getaugt", lächelt der Präsident, bevor er sich verabschiedet und orientierungslos in die Nacht verschwindet. Es ist ein Staatsmann wie Biden, den die Nation jetzt, in den letzten Stunden ihrer Demokratie, dringend braucht.

Aus Fehlern lernen

Donald T. wird inzwischen im Butler Memorial Hospital behandelt. Er hat den Attentatsversuch beinahe unbeschadet überlebt. „Mein Ohr ist weg, aber wozu braucht man das? Zum was? Zuhören? Noch nie gehört das Wort. Solange man mir nicht die Lippen wegschießt, werde ich mich nicht mundtot machen lassen." T. habe aber aus dem Vorfall gelernt. „Die Spaltung der Gesellschaft muss aufhören. Wir müssen wieder vereint sein. Und das geht nur, indem wir endlich diese transsexuellen, woken Kreaturen von der Antifa ausmerzen!" Er zeigt mit seinem Zeigefinger auf einen langhaarigen Mann, der sein Fahrrad absperrt.

Als Konsequenz bittet T. seine Anhänger:innen, zu Wahlkampfveranstaltungen ab sofort noch mehr Waffen mitzubringen, um im Zweifelsfall Schützen, die ihm nach dem Leben trachten, von den Dächern zu holen. Donald T. selbst tritt nur noch mit vollautomatischem Sturmgewehr und Raketenwerfer vor die Mengen. Passieren könne ohnehin nichts. „Gott hat mich diesmal gerettet, und er wird mich auch in Zukunft retten. Er zielt mit seinem Zeigefinger auf eine Journalistin. „Bing, bing, bing, bing, ha ha ha."

„Sehr erfahren“: Kamala Harris nominiert Joe Biden als Vize-Kandidaten

Foto: Patrick Semansky / AP / picturedesk.com

Es ist ein logischer Schritt: Die demokratische Präsidentschaftskandidatin Kamala Harris präsentiert Joe Biden als ihren Running Mate. Der langjährige Politiker soll Harris vor allem mit seiner umfassenden Erfahrung im Kampf um das Weiße Haus den Rücken stärken.

WASHINGTON, D.C. – Endlich hat sich Kamala Harris entschieden, wer ihr bei der Wahl zur Seite stehen soll. Die Demokraten mussten Biden beknien, doch schließlich gab er widerwillig nach – zu viel steht im November auf dem Spiel.

Harris lächelt: „Während ich die liberalen Jugendlichen in Kalifornien und die Latinos in Florida anspreche, brauchen wir auch wen für die Zielgruppe der im Jahrgang 1897 geborenen Kesselflicker aus Cleveland. Jede Stimme zählt!“ Stolz holt sie Biden ans Podium, setzt ihm die Sonnenbrille ab und weckt ihn auf.

Erste Rede

In seiner ersten Wahlkampfrede betont Biden die Wichtigkeit der kommenden Wahl. „Es ist eine große Ehre, gemeinsam mit unserer

Präsidentschaftskandidatin Vladimir Putin hier auf dieser Bühne im geschichtsträchtigen Disneyland zu stehen. Nur mit vereinten Kräften können wir im Herbst den Bau von Sleepy Joes Todesstern verhindern, das verspreche ich euch, euer Donald Trump!“, erklärt Biden siegessicher, steigt auf ein Fahrrad hinter dem Rednerpult und fällt von der Bühne.

Die Entscheidung zugunsten von Biden wird als logischer Schritt gewertet. Laut Umfragen zweifeln nicht wenige, ob die erst 59-jährige Harris die notwendige Erfahrung für das mächtigste Amt der Welt mitbringt. Biden könnte die Kalifornierin in ihrem jugendlichen Übermut bändigen und zu mehr Bedächtigkeit animieren. Ein weiterer Vorteil für Harris: Wenn ihr Vize für sie mal den Kopf hinhalten muss, ist Biden nicht nachtragend – er vergisst die Affäre ohnehin sofort wieder.

Aktuell stimmen beide ihre politische Agenda ab: Harris lernt, ihre Außenwirkung und Rhetorik auf den Geschmack der politischen Mitte zu kalibrieren; Biden lernt bis Herbst den Namen von Kamala Harris. Mehrere Ärzte geben ihm Vitaminpräparate, sein Sohn Hunter mischt ihm immer wieder Crystal Meth unter die „Dr. Böhm Gehirn Akut Notfall Dringend“-Tabletten.

Große Pläne

Laut Medienberichten könnte sich Joe Biden für eine Kandidatur bei den US-Wahlen 2028 in Stellung bringen. „Dann wäre er noch erfahrener“, erklärt US-Experte Dr. Lukas Oberdammer. „Er könnte die nächsten vier Jahre nutzen, um sein Profil zu schärfen, vielleicht ist auch ein Imagewechsel drinnen, vom Sleepy Joe hin zum Moldy Joe oder sogar zum extrem agilen und energiegeladenen Bored Biden.“

„Ist er wirklich orange?“: Harris zweifelt Trumps Hautfarbe an

Foto: Wikimedia – Gage Skidmore (M)

Bei einer Wahlkampfveranstaltung sorgt die demokratische Präsidentschaftskandidatin Kamala Harris für einen Eklat. Sie zweifelt öffentlich an, dass Trump ein echter Oranger sei. Ist an den Vorwürfen etwas dran? DIE TAGESPRESSE prüft nach.

WASHINGTON, D.C. – Laut eigenen Angaben entstammt Trump der stolzen Volksgruppe der Orangenamerikaner, deren Lebensraum hauptsächlich geschmacklose Protzvillen in Miami Beach sind. „Es war nie leicht für mich“, erinnert sich der Unternehmer in einer Wahlkampfrede an ein Leben voller Vorurteile und Diskriminierung zurück.

„Ich habe einen Traum: Dass ich eines Tages Menschen um ihr Geld bringen kann, ohne ein Betrüger genannt zu werden. Dass ich Frauen an die Pussy fassen darf, ohne dass sie mich Sexualstraftäter schimpfen. Wäre man mit Nicht-Orangen auch so umgegangen? Ich kann doch für meine Hautfarbe nichts. Was soll ich tun? Eine Woche auf Spray Tan verzichten?“ Eine rhetorische Frage – im Saal macht sich betroffene Stille breit.

Untergriffige Attacke

Umso schmerzhafter wiegen nun die Worte seiner Konkurrentin Kamala Harris. „Ist er wirklich orange? Ich dachte, er ist als käseweißes Kind nur in ein Fass voller Karottensaft gefallen. Stimmt die Geburtsurkunde überhaupt? Vater Pumuckl? Mutter Hokkaidokürbis? Das kommt mir erfunden vor", ätzt sie in einem Raum voller Orangen. Ein Schlag ins Gesicht all jener, die täglich Diskriminierungen erleben.

Hoffnung und Angst

Als erster oranger Präsident gab Trump vielen anderen Orangenamerikanern Hoffnung auf Veränderung. Seine erste Amtszeit zeigte vielen jungen orangenen Buben, dass sie eines Tages trotz IQ auf Zimmertemperatur Präsident der USA werden können, anstatt ein Leben als Gebrauchtwagenhändler in den Suburbs zu fristen.

Pam Griffner, Journalistin bei der *New York Times*, findet die Vorwürfe von Harris absurd: „Trump ist ganz klar ein Oranger. Die Volksgruppe der Orangenamerikaner stammt ursprünglich von den Weißen ab. Da haben sich aber im Laufe ihrer Midlife-Crisis immer mehr alte, weiße, eitle Männer abgespalten."

Warnung

„Man sollte vorsichtig sein und nicht von einem orangen Mann und seinen Taten auf die gesamte Volksgruppe schließen", stellt Rassismusforscher Dr. Gottfried Baumgartner von der Universität Wien klar. „Nicht jeder Orange ist ein Betrüger, Sexualstraftäter oder machtbesessener Faschist." Orange Schafe gäbe es in jeder Volksgruppe.

Auch international sind die Vorurteile enorm. „Alle im Land halten mich für einen Clown, nur weil ich orange bin, da ist sicher nichts anderes dran schuld, fix nicht", erklärt der Österreichische Orange Stefan Petzner.

Der Vorwurf von Harris sorgt in den USA für weitere Spekulationen. Auch der republikanische Vize-Kandidat J. D. Vance rückt in den Fokus zahlreicher Spekulationen. Entstammt er wirklich einer White Trash Unterschichtsfamilie oder wurde er im Labor durch Sex zwischen einem Sofa und einem Delfin mit Affenhoden gezeugt? Nur eines scheint schon jetzt festzustehen: Dieser Wahlkampf wird schmutzig.

Letzte Generation löst sich auf: Österreich feiert Sieg über Klimawandel mit Autokorso

Foto: Isabelle Ouvrard / SEPA.Media / picturedesk.com

Wir sind Klima! Die Letzte Generation erklärte heute ihre Auflösung. Die normalen Menschen haben gewonnen, der Klimawandel ist ein für alle Mal vorbei. Tausende Menschen in ganz Österreich feiern den Sieg mit einem kilometerlangen Autokorso.

ÖSTERREICH – Der Duft von verbranntem Gummi liegt in der Luft. Kanzler Karl Nehammer lässt zu *Highway To Hell* die Reifen seiner türkisen Corvette durchdrehen und jagt den Sportwagen über den Asphalt der Südautobahn. Tausende Menschen jubeln ihm zu. Der Autokorso reicht von Wien bis nach Graz. „Endlich ist das lästige Thema Klimakrise abgehakt", schreit der Kanzler.

„Ja wohl, nimm das, scheiß Klima!", lacht Hubert K. (57) aus Leibnitz euphorisch und lässt den Motor seines BMW X2 aufheulen. Er möchte erleichtert aufatmen, bekommt aber dann von den Dieselausdünstungen einen Hustenanfall. Schnell zündet er sich eine Zigarette an.

Unaufhaltbar

K. ist Teil des Autokorsos, der von Nehammer und weiteren Spitzenpolitiker:innen aus ÖVP, FPÖ und SPÖ angeführt wird. „Jetzt kann uns niemand mehr stoppen", lacht Michael Ludwig und führt den Spatenstich für die achtspurige Lobauautobahn durch.

Tausende Menschen übergießen ihre Klimatickets mit Benzin und zünden sie an. Fahrräder landen zuhauf in der Donau. Bäume werden gefällt. Menschen fahren mit ihren Autos auf die U-Bahnschienen. „Wir zeigen der Natur endlich wieder, wer Herr im Haus ist", lächelt Herbert Kickl, während er dabie ist, eine Babykatze zu ertränken. Die Katze gewinnt jedoch den Kampf und verletzt Kickl schwer.

Normale Phase

Eine Frau aus Salzburg lässt den Motor ihres Audi Q7 aufheulen. „Es hat halt immer wieder Phasen gegeben, wo das Wetter heißer war. Zum Beispiel vor vier Milliarden Jahren hat's auf der Erdoberfläche a scho tausend Grad gehabt. Wo hat sich da wer festgeklebt? Nein, da haben die Leute das Kaiserwetter genossen und sind baden gegangen. Irgendwie tun mir diese jungen Leute, die sich da angeklebt haben, fast leid. Die waren einfach gehirngewaschen von der linken Propaganda."

Die Frau seufzt. „Dabei weiß doch jeder, dass das Wetter vom Soros gesteuert wird. Was sollen wir Normalos da tun? Wir sind unschuldig und wollen nur in Frieden gelassen werden. Was is mir dir, du Oaschloch? Das ist eine Straße für Autos!" Sie fährt einen Radfahrer nieder, der sie unnötig provoziert hat, weil er kein Benzin verbraucht.

Medienkrise

Das Ende der Letzten Generation trifft auch Österreichs Qualtätsmedien. Wolfgang Fellner schlägt entsetzt die Hände über dem Kopf zusammen. „Worüber soll ich jetzt dreimal am Tag Breaking News machen, wenn die Klima-Shakira weg ist?", erklärt der Stevie Wonder der Fake News traurig. Nach dem Tod seines besten Freundes Jeffrey Epstein ist es der nächste Schicksalsschlag für Fellner.

Glücklicher Kanzler

Der Autokorso löst sich langsam auf. Nehammer setzt sich seine Pilotenbrille auf, sein Arm baumelt lässig aus der Corvette. So gelöst hat man den Kanzler noch nie gesehen. Mit einem breiten Grinsen fährt er über einen Fuchs in den Sonnenuntergang. Österreich kann endlich wieder Dieselgeruch einatmen.

Von wütenden Swifties eingeschüchtert: IS sagt weltweit drei Anschläge ab

Foto: Internetfund

Große Enttäuschung für Terrorfans in aller Welt! Der IS gab heute die Absage von drei geplanten Anschlägen bekannt. Das Risiko, nach der Konzertabsage auf wütende Swifties zu treffen, sei zu groß. Die Terrorgruppe fürchtet offenbar um die körperliche Sicherheit ihrer Selbstmordattentäter.

SYRIEN/IRAK/TERNITZ – „This is why we can't have nice things", murmelt der Terrorist Mahmoud aus Aleppo und schnallt seinen selbstgebastelten Friendship-Bombengürtel ab. Verängstigt starrt der Islamist auf Insta-Videos von wütenden Swifties. Hat sich der IS mit den Falschen angelegt?

Eigentlich wollte sich Mahmoud am Wochenende ganz normal selbst in die Luft sprengen. Doch statt 72 Jungfrauen warten nun 720.000 Swifties, die Rache schwören. Nervös kratzt sich Mahmoud an seinem Bart. Der IS-Geheimdienst hat die Lage im Vorfeld falsch eingeschätzt. Ein Tipp aus dem Ausland kam zu spät.

Massives Risiko

Bis auf Weiteres sagt der IS daher alle geplanten Anschläge weltweit ab. „Diese radikalisierten Swifties sind zu allem fähig", sagt

Mahmoud. „Was, wenn die einem unserer Selbstmordattentäter begegnen? Die könnten ihm noch was antun. Ein Freundschaftsbändchen basteln, ihm ein Bussi geben, ihn umarmen und ihm die Nähe geben, die er sucht, um die Leere in seinem Inneren zu füllen. Diese freien, fröhlichen Frauen aus dem Westen sind eine Gefahr für uns!"

Geld weg

Neben der geplatzten Vorfreude auf die Anschläge schmerzt auch der finanzielle Verlust. „Wir haben schon Flüge und Hotels gebucht, das Geld kriegen wir nicht zurück", erklärt der Terrorist Abdul und schaut enttäuscht aus seinem Ternitzer Reihenhaus in die trostlose, niederösterreichische Botanik.

Manche IS-Fans sind sogar extra aus Afghanistan angereist, um erstmals live bei einem Terroranschlag ihrer liebsten Terror-Idole dabei sein zu können. „Die Vorfreude war natürlich riesig", resümiert Abdul, während er ernüchtert seinen Campingstuhl zusammenklappt und seine AK-47 entlädt. „Aber ich kann's natürlich verstehen, ich hätte mich bei der Bedrohungslage nicht sicher gefühlt."

Safe Space zerstört

Die Absage ist ein Schlag ins Gesicht der gesamten Community – Terroranschläge sind für Islamisten seit Jahren ein Safe Space im von liberalen Werten verseuchten Westen: „Bei Anschlägen können wir frauenhassenden, queerfeindlichen Versager, die nichts im Leben haben außer eine falsch interpretierte Religion, so sein, wie wir sind: der Abschaum der Gesellschaft, fundamentalistische Volltrottel, feige Oaschlecha, die gegen alles sind, was Spaß macht im Leben."

Nun kann man sich als Terrorist in Europa nicht mehr sicher fühlen – ein neuer Tiefpunkt. „Was ist aus meinem Österreich geworden, wo ich ganz normal Munition in Bratislava kaufen konnte, um Menschen zu erschießen?", fragt Abdul. Das Paradies schien zum Greifen nah – jetzt ist er in der Hölle gelandet. Er wird wohl für immer ein einfacher Ziegenhirte in Niederösterreich bleiben müssen.

Mann, der Geheimdienst zerstört hat, behauptet, unter ihm wäre sowas nie passiert

Foto: Martin Juen / SEPA.Media / picturedesk.com

Die österreichischen Behörden konnten einen Anschlag auf das Taylor-Swift-Konzert verhindern – dank eines Tipps aus den USA. Nun behauptet ein Kärntner, unter ihm als Kanzler wäre Terror gar nicht erst möglich gewesen. Ob das stimmt, ist unklar. Denn derselbe Mann ließ 2018 den österreichischen Geheimdienst stürmen und sorgte dafür, dass ausländische Geheimdienste den Informationsaustausch mit Österreich aussetzten.

WIEN – In der Herrengasse 7 herrscht Aufregung. Hier im Maschinenraum der österreichischen Sicherheit, der Direktion Staatsschutz und Nachrichtendienst (DSN), ging der entscheidende Tipp eines US-Geheimdienstes ein.

Ein Staatsschützer erinnert sich an den Moment. „Genau hier bin ich gesessen und hab gerade auf WILLHABEN eine Perücke für einen Undercover-Einsatz gesucht. Dann hab ich da draufgeklickt, auf das kleine GMX-Logo. Dann hab ich mein Passwort – ‚passwort1234'– eingegeben – bitte das nicht im Artikel schreiben –, und dann war im Spam-Ordner die sieben Tage alte Email von der CIA, die hab ich aufgemacht“, erklärt DSN-Mitarbeiter Dietmar Lischnig. Er lehnt sich zufrieden zurück.

Großes Pflichtbewusstsein

Dass er die Email überhaupt geöffnet hat, grenzt an ein Wunder. „Ich war streng genommen schon seit 30 Sekunden auf Mittagspause“, so Lischnig. Warum er trotzdem richtig reagiert hat, kann er nicht mehr genau sagen. „In so einem Moment funktionierst du einfach. Da klickst du mit der Maus am Bildschirm herum, wie du es im Computerführerschein gelernt hast.“

Dass die USA überhaupt wieder geheimdienstliche Erkenntnisse mit österreichischen Sicherheitsbehörden teilen, grenzt ebenfalls an ein Wunder. Denn nach der Razzia im BVT im Jahr 2018 stellten westliche Partnerdienste vorübergehend die Zusammenarbeit mit den österreichischen Diensten ein, das BVT flog aus dem Berner Club. Die Razzia wurde damals von Herbert K. eingefädelt, der zu dieser Zeit im Innenministerium als Minister angestellt war.

BIMAZ reagiert

„Mir waren die Hände gebunden, ich habe nur einen Befehl von meinem Chef aus Moskau ausgeführt“, rechtfertigt sich der Kärntner Herbert K. auf Anfrage heute. „Ja, möglicherweise hätten wir dann nie von den Anschlagsplänen erfahren. Dafür hätten uns unsere russischen Freunde rechtzeitig über Klimaterroristen und brandgefährliche Kinderbuchlesungen von Dragqueens informieren können.“

Mit ihm als Kanzler wäre eine Absage des Swift-Konzertes nicht passiert, behauptet K.: „Die USA hätten Österreich als russischen Satellitenstaat eingestuft und uns nicht gewarnt. Dann hätten die Terroristen den Anschlag verüben können und noch mehr Österreicher hätten die FPÖ gewählt.“ Traurig schüttelt er den Kopf.

Außerdem macht K. die Migrationspolitik verantwortlich: „Der Haupttäter stammt offenbar ursprünglich aus Niederösterreich. Wie kann es sein, dass so jemand ganz legal über die Südautobahnroute nach Wien fahren kann für seine Terrorpläne?“

Mitarbeiter des Monats

Unter IS-Mitgliedern genießt K. seit Jahren einen exzellenten Ruf. Er gilt als einer der größten Helfer im Westen. „Durch die BVT-Razzia im Februar 2018 ist der Herbert IS-Mitarbeiter des Monats geworden. Einfach einen Geheimdienst stürmen und außer Gefecht setzen, das hätten wir nie hingekriegt, genial", so der IS-Chef. „Und jeder versuchte Anschlag hilft dem Herbert dabei, wieder an die Macht zu kommen. Wir unterstützen unsere wichtigsten Mitarbeiter natürlich, wo wir nur können."

LEBEN 12. August 2024

Nationale Identifikationsfigur: Österreich verliert seine geliebte Queen

Foto: Lugner City

Baulöwe und Society-Star Richard „Mörtel" Lugner ist tot. Österreich verliert damit eine nationale Identifikationsfigur und den letzten Royal. Ein Land trauert und blickt zurück auf ein ereignisreiches Leben.

LUGNER CITY – Große Trauer herrscht heute in der österreichischen Hauptstadt, der Lugner City. Das Laufband im Running Sushi steht erstmals seit seiner Inbetriebnahme still, im Lugner Kino wurde das Programm unterbrochen, die Fritteusen im Burger King schweigen andächtig.

Die Bevölkerung trauert um ihren letzten Royal: „Er war irgendwie immer da. Er war Österreich. Egal, ob in den Nachkriegsjahren, während des OPEC-Terrors, des Falls des Eisernen Vorhangs, des EU-Beitritts, während Nine-Eleven, unter Faymann oder während Türkis-Blau", erinnert sich Zeitzeugin Andrea Wagner.

„Wenn der Richie live auf ATV mit irgendeinem Tierchen in einem Sex-Shop am Schwarzen Meer in Rumänien mit seinem schlechten Englisch einen Vibrator mit WLAN gekauft hat, war für mich die Welt ein paar Minuten wieder in Ordnung, und ich konnte alle Sorgen vergessen."

Viele Verdienste

Lugner sorgte außerdem dafür, dass sich weltweit endlich mal irgendeine Sau für den verstaubten Wiener Opernball interessierte, indem er immer wieder gefallene C-Promis aus Hollywood zu betrunkenen Nippelblitzern einlud.

„Ohne den Richie ist auch der Opernball tot", erklärt *Bild*-Journalist und Lugner-Korrespondent Wolfgang Wache. „Oder glauben Sie, wir schicken jemanden aus, um von der Schlägerei zwischen irgendwelchen besoffenen Industriellen zu berichten?" Lugners Tod reißt auch ein großes Loch in die Redaktionen der Boulevardmagazine. Alleine bei oe24 mussten 20 Angestellte beim AMS angemeldet werden.

Die Plätze in Lugners ehemaliger Stammloge am Opernball werden nicht mehr verkauft. „Alles bleibt, wie es ist", erklärt Staatsoperndirektor Bogdan Roščić. „Inklusive dem ins Holz eingeritzte ‚Stop being poor, Paris Hilton was here' … Das steht seit 2007 unter Denkmalschutz."

„Arche Lugner"

Auch Tierschutzorganisationen zeigen sich betroffen. „Egal ob Mausi, Bambi, Bienchen, Hasi, Kolibri, Axolotli, Schnabeltierli, Wurmli, Komodowarani oder Galapagosschildkröti: Er hatte immer ein Herz für Tiere." Insider sprachen daher schon seit Jahren nicht mehr von der Lugner City, sondern von der „Arche Lugner" oder dem „Gut Aidercity".

Sogar in die Politik wagte sich Lugner. Laut eigener Aussage sei dies der einzige Abstecher gewesen, den er in seinem Leben bereut habe. „Das war einfach nur ein Kasperltheater, die anderen Witzfiguren konnte ich nicht ernstnehmen", erklärte er damals der *Kronen Zeitung*.

„In einem Satz genannt zu werden mit der ÖVP, der SPÖ und der FPÖ, schadete meinem Image als skandalträchtigem Gürtelkaufhausbetreiber.“

Richard Lugner verstarb in der Nacht auf den 12. August 2024. Gott freut sich dem Vernehmen nach bereits auf das erste Zusammentreffen mit dem Sexgott und hofft auf einen Kontakt zu ATV, um eine gemeinsame Reality Show zu produzieren.

LEBEN 13. August 2024

Vorbildlich: Autofahrer bilden Trottelgasse

Foto: Markus Sob

Nach einem Unfall eine halbe Stunde im Stau stehen müssen – der Albtraum jedes egoistischen Trottels. In solchen Situationen verlangt die Straßenverkehrsordnung die Bildung einer Trottelgasse, damit Trottel ungehindert umdrehen und als Geisterfahrer die Autobahn verlassen können. Besonders gut hat das am Wochenende in Oberösterreich funktioniert.

OBERÖSTERREICH – „Bitte! Des is oba ned eicha Ernst? Woits mi feigeln?“, zürnt der gelernte Trottel Gerhard (57) aus Vöcklabruck und starrt entgeistert auf den Stau vor sich. „I muas dringend ham, mei Schnitzel wird koit und mei Bier warm. I hobs drawig."

Zum Glück reagieren die Autofahrer um ihn geistesgegenwärtig. Sofort fahren sie links und rechts zur Seite und bilden eine Trottelgasse. Auch mehrere herbeieilende Rettungsautos fahren gerade noch rechtzeitig zur Seite, um Gerhard vorbeizulassen.

„Das sieht man leider viel zu selten", freut sich der vertrottelte Volltrottel Gerhard, während er seinen BMW 7er mit 80 Stundenkilometern gegen die Fahrtrichtung durch die Trottelgasse bis zur nächsten Ausfahrt jagt. „Letztes Wochenende wurde die Trottelgasse leider durch Feuerwehrautos blockiert. Einfach asozial. Wissen die ned, dass i rechtzeitig heim muss, Rosenheim Cops schauen? Des geht überhaupt ned!"

Pepi (42) aus Linz, Consultant und leidenschaftlicher Volltrottel, freut sich ebenfalls über die neuartige Trottelgasse. Er muss zu einem dringenden Termin an der Raststätte. Für ihn zählt jede Sekunde. „I man, des Unfallopfer is eh scho koid, meine Chicken McNuggets no ned." Pepi tritt das Gaspedal seines Porsche Cayenne durch und rast als Geisterfahrer durch die Trottelgasse.

Sicherheit geht vor

Beim ÖAMTC beobachtet man die Geschehnisse in Oberösterreich interessiert. „Österreich ist eine Autofahrernation", erklärt Verkehrsexpertin Ingrid Reinprecht. „Das Wichtigste ist, dass die Autos sicher nach Hause kommen und da nicht stundenlang im Stau stehen und der Lack sich in der prallen Sonne abnutzt, weil ein Unfallopfer glaubt, es muss da mitten auf der Fahrbahn liegen und gegen die Autos demonstrieren."

Politik reagiert

Auch Bundeskanzler Karl Nehammer schaltet sich ein. „Wenn die Grünen nicht stur blockieren würden, wäre die Trottelgasse schon längst ein von der Verfassung garantiertes Grundrecht", moniert er.

Der Kanzler will außerdem prüfen, wie viele Radfahrer die Rettungsgasse missbraucht haben. „Ein Auto ist sehr schnell, das stört ja niemanden, aber ein Fahrrad, das blockiert die komplette Rettungsgasse. Da geht es um Menschenleben, dagegen müssen wir mit voller Härte vorgehen." Derzeit werden 7.000.000 verdächtige Radler polizeilich ausgeforscht.

Erfrischend: Heute kühlster heißester Tag des Jahres der nächsten hundert Jahre

Foto: Tobias Steinmaurer / APA / picturedesk.com

Am heutigen 14. August könnte der bisherige Temperaturrekord von 36,4 Grad Celsius für dieses Jahr fallen. Fachleute empfehlen der Bevölkerung, die erfrischend kühlen Temperaturen zu genießen, so gut es geht. Denn es handelt sich aller Wahrscheinlichkeit nach um den kühlsten heißesten Tag des Jahres für die nächsten hundert Jahre.

ÖSTERREICH – Ein normaler Sommertag: Das Thermometer klettert immer höher, die Twinnies schmelzen in Sekundenschnelle, Stefan Petzner kriecht aus seinem Solarium und legt sich nackt auf einen Badesteg am Wörthersee.

„Schnell, alle Fenster auf, Stoßlüften, nur 35 Grad", ruft Klimaforscher Dr. Werner Enne aufgeregt und öffnet die Fenster seines Büros. „Lassen wir noch möglichst viel Kälte rein, dann haben wir es die nächsten hundert Jahre schön frisch."

Alle Klimamodelle sagen einen kontinuierlichen Anstieg der Temperaturen von mindestens drei Grad über die nächsten Jahrzehnte voraus. „In ein paar Jahren werden wir fix und fertig im Schatten unter einer Palme sitzen, erschöpft aus unserer steirischen Kokosnuss trinken und uns nach diesem kühlen Sommertag zurücksehnen", prophezeit Enne, bevor er einen Hitzeschlag erleidet und völlig durchnässt in seinem Drehsessel zusammensackt.

Badespaß für Jung und Alt

Lokalaugenschein im Gänsehäufel: Es hat bereits angenehme 35 Grad, die Keimschicht im Donauwasser schimmert türkis – perfektes Badewetter.

„Mhm, herrlich knusprig ausgebacken, die Panier schlägt so richtig schöne Blasen, so soll das sein", sagt die Wienerin Jelena Freissler beim Buffet und streicht über ihren Rücken. „Schatzi, vergiss ned, was die Ärztin gesagt hat: Viel trinken!" Ihr Ehemann nickt hörig und kauft sich beim Buffet das dritte Bier des Vormittags. Doch bevor er es auf Ex trinken kann, ist es schon wieder verdunstet.

Andere wiederum sehen der extremen Hitze gelassen entgegen. „Dann haben wir halt in Zukunft Zustände wie in Spanien: Von 9 Uhr früh bis 17 Uhr ist Siesta und wir dösen im Schatten", erklärt der Wiener Gerald Ruschka. „Für mich als Magistratsbeamten wird sich nicht viel ändern."

Wiener Sonderweg

14 Uhr. Vor dem Wiener Rathaus bildet sich eine riesige Menschentraube um eine kühlende Sprühnebeldusche, an deren Stelle einst eine 120 Jahre alte Birke stand. Jeder versucht verzweifelt, eine Brise Wasser abzubekommen.

Nach wenigen Minuten erhitzt sich das Wasser in der Dusche so sehr, dass nur noch brühender Wasserdampf austritt. „Eine Reparatur ist im dritten Quartal 2034 geplant", heißt es aus Ulli Simas „Ressort für Umweltschutz, Beton, Zement, Styropor und Schwermetalle".

„Wir müssen den Fakten ins Auge sehen", erklärt Wiens Bürgermeister Michael Ludwig und sieht von seinem Bürofenster auf die Menschentraube runter. „Bei diesen Temperaturen noch zu Fuß gehen oder Rad zu fahren, ist fetzendeppert und purer Selbstmord. Um das zu verhindern, brauchen wir jetzt eine Straßenbauoffensive. Her mit der Schnellstraße, weg mit der Lobau!"

ÖVP-Zustimmung nicht nötig: Natur renaturiert sich selbst

Foto: Bernd Hofmeister / APA / picturedesk.com

Die ÖVP wehrt sich beharrlich gegen das EU-Renaturierungsgesetz. Nun zeigt sich, dass eine Zustimmung der ÖVP gar nicht nötig ist. Die Natur beginnt, sich einfach selbst zu renaturieren. Sie erobert sukzessive verlorengegangenes Gebiet von den Menschen zurück.

ARLBERG – Wo sich einst eine stolze Bundesstraße befand, ist aktuell nur noch Schlamm. Eine Mure hat den halben Arlbergpass in die Tiefe gerissen. Die Feuerwehr bedeckt die Betonbrocken mit Decken. Für sie kommt jede Hilfe zu spät. In der ÖVP zürnt man: „Die Natur hatte keinerlei Genehmigung von der Bezirkshauptmannschaft für die Mure", erklärt Bundeskanzler Karl Nehammer.

Er legt im Namen der Republik einen Kranz nieder, der im nächsten Moment von einer kleinen Mure erfasst und weggespült wird. In einer kurzen Ansprache ruft Nehammer eine dreitägige Staatstrauer aus.

„Unsere Gedanken gelten in diesen schweren Stunden den vielen Pendlern, die jetzt die ÖBB nehmen müssen, um zwölf Kilometer in die Arbeit zu fahren", erklärt Nehammer. „Es hätte auch schlimmer kommen können ... Man stelle sich vor, zum Zeitpunkt des Unglücks wäre ein frisch lackierter SUV auf der Straße gefahren, womöglich ohne Vollkasko und Unterbodenschutz ..." Seine Stimme bricht, ein Raunen geht durch die trauernde Menge, sieben Anwesende hyperventilieren.

ÖVP schockiert
ÖVP-Verfassungssprecher Wolfgang Gerstl zeigt sich schockiert über die rohe Naturgewalt. „Es ist gegen die Verfassung, ohne Zustimmung der ÖVP auch nur einen Quadratmeter zu renaturieren. Die Natur muss sofort zurücktreten. Wir werden diese linke Staatsgefährderin Mutter Erde zur Rechenschaft ziehen", erklärt er bei einem Lokalaugenschein am Ort des Geschehens.

Konsequenzen für Alleingang
Auch in den anderen Bundesländern ist man über das Vorgehen der Natur verärgert. Dass man in den Entscheidungsprozess über die aktuellen Überschwemmungen in Hollabrunn nicht eingebunden war, würde gegen geltendes Recht verstoßen. „Das Gewitter kam außerdem von Tschechien rüber. Wieso haben die die tschechische Natur nicht unter Konrtolle?" Mikl-Leitner sieht nun die Natur in der Pflicht, alle Vorgänge rückgängig zu machen.

Mikl-Leitner will die Zügel für die heimische Natur künftig straffer ziehen. Bald sollen die Bundesländer föderal selbst über das Wetter auf ihrem Landesgebiet entscheiden können. „Da wird es am Anfang klare Grundregeln geben müssen. Etwa Sonne am Wochenende und an meinem Geburtstag, Schnee an Weihnachten, fußballgroße Hagelkörner über Wien – all das muss gesetzlich festgehalten werden."

Natur erholt sich
Klimaforscher Dr. Jan Pichler warnt die Regierung unterdessen davor, den Arlbergpass wieder zu errichten. „Was der Herrgott getrennt hat, sollte der Mensch nicht verbinden. Womöglich ist es nur richtig so, dass Vorarlberg von Österreich abgeschnitten ist", erklärt er. „Jetzt trennen uns nicht mehr nur Sprache und Kultur, sondern auch der Arlberg sebst." Die Natur, so scheint es, erholt sich.

Alle Antworten richtig: Freund von Linzer Bürgermeister gewinnt Millionenshow

Foto: ORF/Klaus-Luger.at (M)

Über eine Million Euro Preisgeld darf sich Millionenshow-Kandidat Dietmar Kerschbaum freuen. Der gute Bekannte des Linzer Bürgermeisters Klaus Luger brillierte in der gestrigen Ausgabe der Millionenshow und räumte sensationell den Hauptpreis ab.

KÖLN – Hochspannung im Millionenshow-Studio. Armin Assinger rutscht auf seinem Sessel hin und her. Das Publikum scheint den Atem anzuhalten. Gleich geht es um eine Million Euro. Der Kandidat hat noch alle drei Joker.

„Letzte Frage: Welcher Vorgang wird – …" „B, Endosymbiose!", bellt Kerschbaum wie aus der Pistole geschossen. Assinger macht große Augen. So einen talentierten Kandidaten hatte er noch nie im Studio sitzen gehabt.

„Sind Sie sich wirklich sicher?", fragt Assinger. „Wen haben Sie heute überhaupt ins Studio mitgebracht? Ist das ihr Bruder, Freund, Partner?" Kerschbaum grinst Richtung Klaus Luger. Der Linzer

Bürgermeister winkt aus Reihe fünf. „Fast, das ist der Klausi aus Linz, mein Partner in Crime."

Roter Geldregen

Assinger nickt. „Ah, Linz, sehr spannend, das liegt ja in Oberösterreich, einem der ...", Assinger lugt unauffällig auf seinen Bildschirm, „... einem der neun österreichischen Bundesländer." Zwischenapplaus. Assinger lächelt. Wie immer begeistert er das Publikum mit seiner Expertise.

Dann loggt er die Antwort ein. „Die Antwort ist ... korrekt", sagt Assinger. Es regnet Konfetti von der Studiodecke. Die Million ist gewonnen. Kerschbaum springt auf, umarmt Assinger und wirft Luger eine Kusshand zu.

Keine schiefe Optik

Doch ist wirklich alles mit rechten Dingen zugegangen? Aus der TV-Redaktion werden Gerüchte laut. Der Sozialdemokrat Luger könnte seinem Freund die Antworten schon vor Tagen zugesteckt haben.

DIE**TAGESPRESSE** konfrontiert den Linzer Bürgermeister mit den Vorwürfen. „Sehen Sie, Glück ist, wenn Gelegenheit auf Luger trifft. Wir echten Sozialdemokraten teilen eben alles, Posten, Kleingärten und auch Fragebögen."

Problematisches Verhalten sieht Luger nicht. „Ich bin ganz normal an die Antworten gekommen, indem ich dem Assinger im Gegenzug dafür einen Schrebergarten in der Donaustadt vermittelt habe. Danke an dieser Stelle an den lieben Ernst Nevrivy, die Maturafragen für deinen Neffen kommen bald per Mail!"

Rückendeckung von oben

Obwohl Luger offenbar um eine Million Euro betrogen, gelogen und gestohlen hat, sieht er keinen Grund, sich aus der Politik zurückzuziehen. „Da ist halt diese fehlende Rücktrittskultur schuld, die die ÖVP und die FPÖ einschleifen haben lassen. Da können wir als Sozialdemokraten jetzt auch nichts mehr dagegen machen."

Unterstützung erhält er vom Wiener Parteichef Michael Ludwig: „Wenn jedesmal ein SPÖ-Bürgermeister zurücktreten müsste, nur weil irgendwo für einen Freund ein Posten geschaffen wird, dann müsst ich jeden Dienstagmittag meinen Rücktritt erklären."

Babler reagiert

SPÖ-Chef Andreas Babler findet ungewohnt scharfe Worte, nachdem er in der Kleingartenaffäre an der Wiener SPÖ gescheitert ist und Bezirkskaiser Ernst Nevrivy nach wie vor im Amt ist: „Also ich seh das kleine Hoppala in Linz nicht so eng, vielleicht hat Luger, dem ich sehr vertraue, ja zufällig auch die Fragen fürs ORF-Sommergespräch parat, dann bin ich bereit, dieses sympathische Malheur zu vergessen."

Er hoffe, setzt Babler fort, er habe „mit diesem Statement jetzt nicht die Partei in Oberösterreich gekränkt, das soll wirklich keine Kritik sein. Es läuft alles ideal bei euch. Ich möchte mich aufrichtig dafür entschuldigen, dass ich manchmal so durchsetzungsstark bin".

POLITIK 23. August 2024

Für Asylwerber gehalten: Landbauer bekommt statt Gehalt nur Bezahlkarte

Foto: Martin Juen / SEFA.Media / picturedesk.com

Aufregung in Niederösterreich. Da der persische FPÖ-Politiker Udo Mahmoud Kujtim Beran Landbauer für einen Asylwerber gehalten wurde, bekam er von der Landesregierung sein Gehalt nicht mehr in Euro ausbezahlt, sondern lediglich eine Bezahlkarte. Diese gilt leider nur in drei verschiedenen Lagerhaus-Shops und in der Kirche. Die FPÖ zeigt sich empört.

ST. PÖLTEN/WIENER NEUSTADT – „Salam aleikum!", grüßt Vize-Landeshauptfrau Udo Landbauer, hebt höflich ihren Turban und betritt das FPÖ-Büro. „Zahltag! Heute bekomme ich wieder Geld vom Staat fürs Nichtstun, die soziale Alman-Hängematte in Österreich ist schon was Tolles, hamdulillah! Wo ist mein Gehalt? Ich brauche Cash für Tipico und Shishabar", bellt Landbauer die Sekretärin an und bläst ihr Dampf aus seinem Vape ins Gesicht.

Sie wendet sich flüsternd einem Kollegen zu. „Du, ich zahl dem undankbaren Sozialschmarotzer da kein Geld aus, sondern geb eam die Sandler-Bankomat-, also die Bezahlkarte halt, passt das? I hab mir dacht, der schaut halt ned aus wie ein Hiesiger, mehr so wie die, die wos immer an Terror machen."

Die Frau wird rot, sie hat ihren eigenen Chef nicht erkannt. „I hab glaubt, der is vom Facility Management, weil der den ganzen Tag bei uns im Büro nur braunen Dreck rein und raus trägt." Sie dreht sich wieder zu Landbauer und spricht sehr laut und langsam: „Du deutsche Sprache? Ja? Ja? Hier nehmen, Bezahlkarte, bezahli, bezahli, ja? Ja? Aber nix schicken Western Union an deine neun Gschrappen! Hamma uns? Ja?" Landbauer nickt. Endlich eine, die seine Sprache spricht.

Beschwerlicher Alltag

Kurz darauf. Landbauer steht mit seinem Freund und Parteikollegen Michael Sommer im Lagerhaus-Shop in Wiener Neustadt und legt die Bezahlkarte auf den Tisch. „I hob den Führerschein zruckgriagt„, lallt Sommer grinsend. „Des mias ma feiern, kauf zwa Schachteln Klopfer, Udo." Doch dann folgt der Schock.

„Die Bezahlkarte gilt nicht für Alkohol, sondern lediglich für abgelaufenes Vitus Mineralwasser und Bio-Dünger", lächelt der Verkäufer. Landbauer will protestieren, doch der Mitarbeiter fällt ihm sofort ins Wort. „Anweisung von der Hanni. Und jetzt schau, dass d' Meter g'winnst, Ali Baba. Moschee baba."

Schikane um Schikane

Als Landbauer am Weg nach Hause dann auch noch der Sprit ausgeht, folgt bei der Zapfsäule das nächste böse Erwachen: Die Bezahlkarte wird abgelehnt. „Du nix tanken, Mohammed! Nimmst hoit an fliegenden Teppich", lacht ihn der Tankwart aus. Die Bezahlkarte gilt nicht für Treibstoff, da die niederösterreichische Regierung davon ausgeht, dass Asylwerber sich hauptsächlich auf Kamelen fortbewegen.

Auch nach stundenlangem Warten mit ausgestrecktem Daumen an der Bundesstraße wird Landbauer von keinem Auto mitgenommen. Aus unerfindlichen Gründen scheinen die Menschen in Niederösterreich Angst vor dunkelhäutigen Fremden mit absurden Terrornamen wie „Udo“ zu haben.

Genervt schleppt sich Frau Landeshauptfrau-Stellvertreterin Landbauer zum Bahnhof, doch der Fahrkartenautomat lehnt die Zahlung ebenfalls ab. „Das einzige Öffi, für das was die Karte giltet, ist die Herkules, das tut davon kommen, wenn man nix Deutsch lernen wollen will!“, heißt es in einer OTS-Aussendung von Gottfried Waldhäusl. Resigniert setzt sich Landbauer in den Wartebereich.

Doch an Entspannung ist nicht zu denken. Prompt wird er von einem türkischen ÖBB-Security vertrieben. „Na, nicht, ich bin einer von euch“, brüllt Landbauer verzweifelt.

Tiefer Fall

Es ist eine kühle, sternenklare Nacht. Mit der Kapuze tief ins Gesicht gezogen, treibt sich Landbauer noch immer am Bahnhof St. Pölten herum. Er braucht dringend Geld, denn die Bezahlkarte ist praktisch wertlos. „Ecstasy, Hasch, Kokain. Ecstasy, Hasch, Kokain“, zischt er Passanten zu. Endlich findet er einen Kunden und verschwindet mit dem nervösen, jungen Mann in einer Seitenstraße.

Nach dem erfolgreichen Geschäft kommt Landbauer zurück. „Er hat mich ziemlich runtergehandelt, aber immerhin zehn Euro.“ Lächelnd zeigt er uns den Schein. Als er sich am Fahrkartenautomaten endlich ein Ticket nach Wiener Neustadt kaufen will, wird er von zwei Zivilpolizisten zu Boden gerissen. „Jetzt hamma di. Ab in die Heimat, guten Flug“, grinst ein Polizist und kniet sich genüsslich auf Landbauers Genick. Während der Amtshandlung rutscht die Bezahlkarte aus Landbauers Hose und fällt in einen Kanaldeckel. Mit leerem Blick lässt er sich in den Polizeibus zerren.

FPÖ-Plakatserie: Kickl Unser

Recherchen der TAGESPRESSE zeigen: Der Spruch „Euer Wille geschehe“ bildet nur das erste FPÖ-Sujet einer ganzen Serie. Die Redaktion ging auf Spurensuche und zeigt heute die gesamte Plakatserie.

KICKL
EURE WAHL
EUER
WILLE
GESCHEHE
FPÖ

KICKL
EURE WAHL
WIE IM
HIMMEL, SO
AUCH AUF
PFERDEN.
FPÖ

UNSERN
RUSSISCHEN BOT
GIB UNS HEUTE
FPÖ

KICKL
EURE WAHL
UND VERGIB UNS
UNSERE
SPESEN
FPÖ

KICKL
EURE WAHL
WIE AUCH
WIR VERGEBEN
UNSEREN
EINZELFÄLLEN
FPÖ

KICKL
EURE WAHL
FÜHRE UNS
NICHT IN
UNTER-
SUCHUNGS-
HAFT
FPÖ

KICKL
EURE WAHL
SONDERN
ERLÖSE
UNS VON
DEM BÖSEN
5G
FPÖ

FPÖ
DENN DEIN IST
DAS REICH UND
DIE KRAFT DURCH
FREUDE UND
HERRLICHKEIT

BIS ZUM
NÄCHSTEN
IBIZA-
VIDEO
FPÖ

FPÖ
WIEHER

Peinliche TV-Panne: ARD zeigt österreichisches Wahlergebnis vier Wochen zu früh

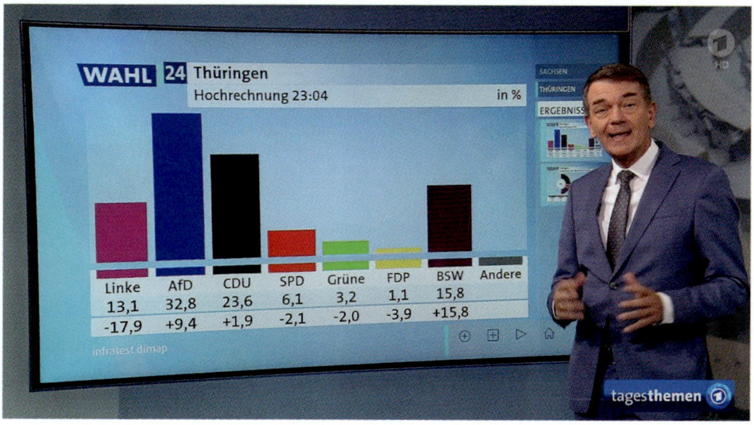

Foto: ARD

Die deutsche ARD sorgte gestern mit einer peinlichen Panne für Aufsehen. Der TV-Sender strahlte das Ergebnis der österreichischen Nationalratswahl vier Wochen zu früh aus. Demnach gewinnen Rechtsextreme die Wahl, während die Regierungsparteien schwach abschneiden.

ERFURT – „Und so hat das Land gewählt", erklärt der Moderator. „Russische Nazipartei 33 Prozent, christliche Bauern 24 Prozent, die Zweckehe verfeindeter sozialdemokratischer Flügel kommt auf 6,1 Prozent, die Grünen leiden unter der Koalition und landen bei 3 Prozent, Liberale 1 Prozent, sonstige Verrückte und Hirnrissige schaffen sensationell 15 Prozent."

Plötzlich unterbricht die Regie: „Stopp, stopp, stopp! Du hättest die Highlights vom Bundesligaspiel der Bayern gegen Freiburg anmoderieren sollen! Wieso verrätst du schon das Wahlergebnis der Dussel-Ösis?" Der Moderator lächelt verlegen in die Kamera: „Immer Ärger mit den unverbesserlichen Schluchtenscheißern, wat? Und nun zum Wetter."

Grüne auf Kurs

Die österreichischen Grünen verpassen laut der gezeigten Statistik wohl den Einzug ins Parlament. Für Parteichef Werner Kogler ist es die nächste Niederlage nach der misslungenen EU-Wahl. „Alles läuft nach Plan", reagiert der oberste Grüne gelassen. „Ich hab uns schon einmal von einer außerparlamentarischen Selbsthilfegruppe in die Regierung geführt."

Kogler will auch bei den nächsten drei Parlamentswahlen als Spitzenkandidat fungieren, ehe ihn Lena Schilling als Parteichefin ablöst. „Die Richtung stimmt", erklärt Schilling in einer Story auf Instagram.

Rote Euphorie

Nur SPÖ-Chef Andreas Babler hat Grund zum Jubeln. „6,1 Prozent! Bist du deppat, das ist eine Sensation! Das ist ein Erdrutsch! Der Andi Babler ist gekommen, um zu bleiben." Durch das überraschend starke Resultat wird Babler seine internen Kritiker:innen wohl zum Schweigen bringen. Doris Bures, Hans-Peter Doskozil und Georg Dornauer waren für eine Stellungnahme nicht erreichbar.

Die Statistik enthüllt auch eine Parteispaltung bei den Sozialdemokraten kurz vor der Wahl. Sowohl die Partei „Linke" als auch die Partei „BSW" (Bündnis Sozialistischer Wiener) stellen ehemalige Flügel der Partei dar, die mutmaßlich unter der Führung von Hans-Peter-Doskozil und Doris Bures stehen. Die anderen 37 Abspaltungen schaffen den Sprung ins Parlament nicht.

Blaue Ernüchterung

Enttäuschung herrscht hingegen bei der FPÖ. „Nur 30 Prozent? Heilige Maria, Mutter Gottes, bitte für uns Sünder", murmelt Generalsekretär Christian Hafenecker, behakenkreuzigt sich und tupft sich den Schweiß mit einem „Euer Wille Geschehe"-Plakat von seiner Stirn ab. „Die ÖVP damals hatte mit dem Sohn Gottes ja sogar mehr als wir jetzt mit dem echten Gott haben", seufzt er und starrt auf Herbert Kickl, der gerade an seiner Bibel schreibt (Anm.: 1500-seitiges „Manifest") und im Darknet ein Sturmgewehr bestellt.

„Österreich steht nun wohl vor einer schwierigen Koalitionsbildung", erklärt der ARD-Politexperte Detlef Filzmüller. „Am logischsten ist wohl eine Koalition der Vernünftigen. Also die Putin-treuen Nazis und die katholischen Bauern werden zusammenarbeiten, um die linksradikalen grünen Radfahrer:innen von der Macht fernzuhalten."

LEBEN 3. September 2024

Ferien vorbei: Lehrerin darf endlich wieder Psychologin, Sozialarbeiterin, Elternersatz und Verfassungsschützerin sein

Foto: Depositphotos

Genug erholt! Für Tausende Lehrerinnen und Lehrer heißt es diese Woche wieder: Zurück an die Arbeit. Es warten abwechslungsreiche Tätigkeiten, von psychologischer Betreuung über Sozialarbeit und Integration bis hin zur Polizeiarbeit und dem Schutz der Verfassung vor radikalen Umtrieben.

WIEN – 9:45 Uhr, große Pause. Lehrerin Sara (31) hat jetzt genau 3,7 Sekunden Zeit, um einen halben Schluck Wasser zu trinken und einmal an einem Twix abzubeißen, bevor sie als Sozialarbeiterin die Pausenaufsicht übernimmt.

„Ich habe die Sommerferien für Weiterbildung genutzt", erklärt sie stolz, während sie mit dem Jugendamt telefoniert, weil ein Kind nur in Unterhose zum Unterricht erschienen ist. „Ich war im Sommer bei der CIA zu einer Fortbildung in Gefährderansprache."

Die Frau zupft sich ihre stichfeste Weste zurecht. „Das war recht spannend, da hab ich auch meine Krav-Maga-Kenntnisse zur Selbstverteidigung vertiefen können, was mir besonders im Nahkampf zugute kommt. Mittlerweile übernehmen wir ja 99 Prozent der Arbeit der Verfassungsschützer. Das letzte Prozent sind dann Tipps aus Amerika."

Im Lehrerzimmer therapieren ihre Kolleginnen und Kollegen gegenseitig ihr Burnout. „Noch ist die Lage ruhig, aber der Schulwart, der Rudi, der hat schon ein paar antisemitische Sprüche am Klo gefunden und ein paar auch selber gekritzelt. Eigentlich sollte ich der 3B das Addieren beibringen, aber ich muss jetzt dann fünf Stunden Zeugenaussage am Gericht machen." Wieder einmal haben Eltern eine Klage gegen eine schlechte Benotung eingebracht. „Wir müssen leider einen Gutachter engagieren, um beweisen zu können, dass 1 + 1 nicht 3 ist und der Vierer in Mathe für den Elias daher absolut gerechtfertigt war", sagt sie.

„Wahrscheinlich einigen wir uns in einem Vergleich dann auf eine Zwei minus. Der Vater hat verkündet, das bis zum OGH durchzukämpfen. Sein Sohn kann unmöglich schlecht in Mathe sein, behauptet er, immerhin ist er der nächste Einstein und wird 2050 den Nobelpreis bekommen."

Polaschek beruhigt

Martin Polaschek, Bildungsminister a. D., sieht keine Überforderung der Lehrkräfte: „Wir haben die Ressourcen sogar verdoppelt. Jede Klasse bekommt einen zweiten Overhead-Projektor. Was sollen wir denn noch alles machen? Wir haben früher nur einen Overhead-Projektor gehabt und aus uns ist auch was geworden!"

Ob Polaschek bewusst ist, dass das System am Rand des Zusammenbruchs steht? „Ich weiß nicht, was Sie meinen. Also in meiner Schulzeit war die Lage sehr entspannt. Da sind die Lehrer gut gelaunt und braungebrannt aus dem Rovinj-Urlaub zurückgekommen." Seitdem habe er keine Schule mehr von innen gesehen: „Wieso auch? Ich hab ja schon die Matura."

Auch Wiens Bürgermeister Michael Ludwig will nichts von Problemen im Klassenzimmer und von „Brennpunktschulen" hören: „Die Statistik besagt, dass die ausländischen Kinder in zweiter Generation oft SPÖ wählen, weil wir einmal im Jahr ein Sommerfest mit gratis Zuckerln machen und so tun, als würden uns die Prolos interessieren. Die wirklichen Problemschulen, die stehen in Döbling und in Währing. Da wollen die Kinder ÖVP wählen. Da wächst eine verlorene Generation heran."

Beneidenswertes Leben

Am Abend trifft sich Lehrerin Sara noch mit Freunden auf ein Glas Wein. „Dein Leben möchte ich haben", lacht Gerhard, der als Angestellter arbeitet. „Fünf Stunden Unterricht und dann Feierabend. Herrlich! Lehrer müsste man sein." Lächelnd ext Sara ihren Grünen Veltliner und verabschiedet sich, um vor dem Schlafengehen noch Schularbeiten zu korrigieren.

POLITIK 5. September 2024

NR-Wahl 2024: Mit diesen Sujets werben die Parteien

Foto: SPÖ (M)

Der Wahltermin rückt immer näher. Leider sieht man Wahlplakate in diesen Tagen viel zu selten. Aus diesem Grund hat die Redaktion die Sujets aller Parteien hier in einer Übersicht für Sie zusammengestellt.

FEHLER 404:
INHALTE NICHT
GEFUNDEN
BIER
PARTEI
ICH WÄHLE
BIER
Neu, unabhängig, unverbraucht.

STOP BEING
POOR
FÜR EHRLICHE
POLITIK
'24
NEOS
neos.eu

FPO
URBI ET ORBAN

WÄHL, ALS
GÄB'S KEINE
ÖVP-KOALITION
29.9. GRÜN

wien.oevp.at
29. September
KICKLS WILLE GESCHEHE
Bundeskanzler
Karl Nehammer
Wiener Spitzenkandidatin
Romana Deckenbacher

MARCO IST LEIDER NICHT ZUM FOTOTERMIN ERSCHIENEN
BIER PARTEI
Wien wählt BIER.
Neu, unabhängig, unverbraucht.

KICKL
EURE WAHL
5 GUTE JAHRE*
*gilt nicht für Ausländer, Frauen, LGBTQI, Künstler, Journalisten, Wissenschaftler, Radfahrer, Fußgänger, Arbeiter, Angestellte, Sozialdemokraten, Demokraten, Muslime, Juden
FPÖ

SPÖ
Wir fordern:
Lorem ipsum dolor sit amet, consectetur adipiscing elit
- Vivamus pretium euismod nulla
- id volutpat ante fermentum a
- Duis eu risus maximus
Nulla facilisi ut accumsan neque ac odio tincidunt
In hac habitasse platea dictumst
- sit amet iaculis nibh interdum
- Praesent tempor sit amet
- Nulla interdum
Darum am 29.9.
SPÖ
Mit + Hirn für Österreich.

20 Jahre *Heute*: DIE TAGESPRESSE gratuliert mit Sonderausgabe „Heisl“

Foto: Die Tagespresse

Es fühlt sich an, als wäre es erst gestern gewesen: Am 6. September 2004 lag die erste *Heute*-Ausgabe kostenlos in Wiener U-Bahn-Stationen auf. Der Siegeszug der beliebtesten Sitzunterlage zwischen Floridsdorf und Siebenhirten begann – schon nach kurzer Zeit wurde sie in Wien zum Klopapier-Marktführer. DIE TAGESPRESSE gratuliert mit einer Sonderausgabe. Diese wurde heute morgen in fünfstelliger Auflage verteilt.

Niemand will an seinem Geburtstag arbeiten müssen. Wir wollen, dass sich die *Heute*-Redaktion heute einmal zurücklehnen und ihren großen Tag genießen kann.

Daher tauschen wir die Rollen und machen einen Tag lang die ganze Arbeit: Fakten verdrehen, Halbwahrheiten als Wahrheiten verkaufen, Kreuzworträtsel zusammenschustern, Inserate einsammeln und Förderungen kassieren, oder kurzum: Print-Luft schnuppern.

Der Umstieg auf Papier erweist sich für uns schwieriger als gedacht. Zwanzig Minuten brainstormen, fünf Absätze schreiben, Text online stellen, Feierabend um 10 Uhr vormittags – das alles spielt es in der Print-Branche nicht.

Ein Grafiker muss schlecht bezahlt werden, Promotoren, die das Ding verteilen, müssen noch schlechter bezahlt werden. Und plötzlich trudelt eine Rechnung einer sogenannten „Druckerei“ ein, die Geld will für „Papier“, was auch immer das sein soll.

Wochenlang arbeiten wir neben unserem ungelernten Job als Cyber-Schmierfinken nebenbei an der achtseitigen *Heute*-Ausgabe. Die echten Kollegen der *Heute* brauchen für dreimal so viele Seiten nur einen Tag. Hut ab! Wie macht ihr das nur?

Herausgekommen ist eine einmalige, exklusive Ausgabe von „Heisl“, mit brandaktuellen Berichten über sexy Knallerthemen wie zum Beispiel: Wem gehört das Heute-Imperium? Wieso sitzt *Heute* teilweise in Liechtenstein? Und was genau ist die Periodika-Stiftung?

Am Abend des 5. Septembers werden Zehntausende gedruckte Exemplare von der Druckerei angeliefert. „Können wir die jetzt eh einfach so in die *Heute*-Entnahmeboxen reinlegen, oder?“ Unser Anwalt, der über der Beantwortung der siebten FPÖ-Klage eingeschlafen ist, schreckt hoch und wirft uns mit kreidebleichem Gesicht einen vielsagenden Blick zu.

Foto: Die Tagespresse

Dann geht es ans Verteilen. An zahlreichen U-Bahnstationen in ganz Wien postieren wir uns ab 7 Uhr früh. „Wollen Sie ein ‚Heisl‘?“, fragen wir. Manchmal auch nur „Heisl?“, was zu spannenden Interaktionen mit der Wiener Bevölkerung führt.

Die Resonanz der Leserschaft ist gut. „Ui, noch ganz druckfrisch und warm, gut für die Hämorrhoiden“, lächelt ein Pensionist und legt sich eine Zeitung auf den U-Bahn-Sitz.

Ein Trafikant bittet gleich um 20 Exemplare zum Auflegen im Geschäft. Securitys vor der Landstraße-Mall wollen uns vertreiben, weil sie glauben, wir hätten keine Genehmigung. Irrtum! Wir sind doch keine Dilettanten.

Foto: Die Tagespresse

Foto: Die Tagespresse

Auch die hohe Beamtenschaft der Republik gehört informiert.

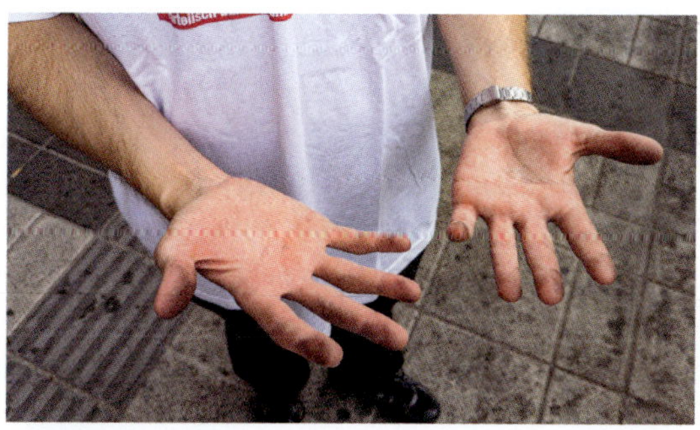

Foto: Die Tagespresse

Am Ende unserer Schicht sind wir sichtlich gezeichnet von der Drecksarbeit.

Unser Ausflug in die Klopapierbranche war ein Kurzer. Während die *Heute* gratis, aber umsonst ist, war unsere Aktion leider nicht gratis, aber dafür auch nicht umsonst: Immerhin konnten wir einige Bäume davor bewahren, eine *Heute* zu werden. Aber ab heute gibt’s uns wieder nur online, versprochen. Zumindest bis zum nächsten runden Geburtstag. Wie lange gibt’s eigentlich oe24 schon?

Macht ihn bei Wählern sympathischer: FPÖ malt Hitlerbärtchen auf Kickl-Plakate

Foto: Die Tagespresse

Herbert Kickl hat weniger Charisma als seine eigenen Wanderschuhe. Mit minus 42 Punkten im OGM-APA-Vertrauensindex gilt Kickl als zweit-unbeliebtester Politiker Österreichs. Um das zu ändern, greift die FPÖ jetzt zu einer Charmeoffensive und bemalt alle Wahlplakate mit einem Hitlerbärtchen.

WIEN – „Bist du deppat, is der Hund fad! Das Charisma von einem verzweifelten Diplom-Ingenieur aus Kärnten, der sich in einem Love Scam seit sechs Monaten ausnehmen lässt", murmelt ein FPÖ-Wahlkampfhelfer vor sich hin und kniet sich vor ein Kickl-Plakat am Gürtel. Dann holt er einen Edding aus der Tasche und malt einen Hitlerbart auf die Oberlippe des Parteichefs.

„Bei aller berechtigter Kritik am Adolf – ja, er war Vegetarier – muss man auch sagen: der hatte Charisma, eine gute Stimme, konnte gut reden und war auch ein toller Künstler."

Ernüchternde Umfrage

Die Partei sah sich zur Optimierung der Plakate gezwungen, wie ein anonymer Insider aus Niederösterreich verrät, der seinen Namen nicht in der Zeitung lesen will. „Nennen Sie mich einfach Teufelkrieg Scheißhäusl. Jedenfalls haben wir die Frage ‚Mit wem würden Sie eher auf ein Bier gehen: Herbert Kickl oder Adolf Hitler' telefonisch abtesten lassen."

Das ernüchternde Ergebnis: „100 Prozent aller Befragten haben sich für den Herrn Hitler entschieden, was ich sehr gut verstehen kann. Der Hitler erzählt dir nach einem Bier wenigstens ein paar gute Witze, der Herbert bestellt statt dem Bier gleich ein Himbeer-Kracherl und erzählt dir fünf Stunden lang von seiner scheißlangweiligen Wanderung, die er gemeistert hat, obwohl die Bilderberger einen Regensturm aufkommen ließen."

Besonders bei Frauen kommt Kickl aktuell in puncto Sympathiewerte kaum an. Neun von zehn Frauen erklärten, sie würden eher Richard Lugner (tot) küssen als Kickl. Die zehnte Frau sagte, sie würde Kickl nur küssen, wenn sie dabei eine Zyankali-Kapsel im Mund haben darf.

Neues Image

In einer eilig einberufenen Sitzung wurden nun die Hitlerbärtchen-Graffiti beschlossen, um Kickl von der seltsamen „Grüß-Gott-ich-arbeite-als-IT-Techniker-am-Magistrat-und-nebenbei-fahr-ich-mit-dem-weißen-Lieferwagen-zum-Spielplatz-vor-fragen-Sie-mich-nicht-was-auf-meinen-externen-Festplatten-ist"-Image zu befreien.

Nach nur einer Nacht waren alle FPÖ-Plakate übermalt, doch die Freude währte nicht lange. „In Favoriten hat ein unbekannter Täter unsere Plakate beschädigt und die Hitlerbärtchen heruntergekratzt", beklagt sich Generalsekretär Christian Hafenecker. Die Partei erstattete eine Anzeige wegen Sachbeschädigung und üblem Nachruf.

Interne Kritik

In der FPÖ ist der charmebefreite Kickl trotz Platz 1 in den Umfragen nicht unumstritten. „Wir hatten Corona, Rekordinflation, jetzt den Islamterroristen bei der Teller Swift", erklärt das Urgestein Andreas Mölzer. „Und trotzdem kommt der Kickl nicht über 30 Prozent?

Jörg Haider hätte da tot aus dem Autowrack heraus noch bessere Umfragewerte eingefahren."

Selbst Strache habe „um 3 Uhr im Praterdome noch eloquentere Reden gehalten als der Kickl, der offenbar irgendeinen Ödipus-Komplex hat, weil er glaubt, er ist der Landespapi und muss die ganze Zeit den Mount Everest besteigen."

Lange Tradition

Der Bart war nicht der erste Kniff der FPÖ-Marketingabteilung. Harald Vilimsky trat oft mit der ikonischen Mao-Tsetung-Halbglatze auf, die er nach einem Istanbul-Urlaub jedoch wieder ablegte. Gottfried Waldhäusl trägt seit Längerem schon wie Kim Jong-un ein massives Doppelkinn. Dem Vernehmen nach war es jedoch der Nordkoreaner, der sich hier von Waldhäusl inspirieren ließ.

WELT 11. September 2024

Nach Duell zwischen Trump und Harris: Medien sehen Babler als Verlierer

Foto: Georges Schneider / picturedesk.com

Das mit Spannung erwartete Duell zwischen Donald Trump und Kamala Harris ist geschlagen. Der Staub hat sich kaum gelegt, schon sind sich die Medien unisono einig: Der große Verlierer der Diskussion heißt Andreas Babler.

PHILADELPHIA, USA – Die Studiolichter gehen aus, Trump und Harris treten ab. „Wow, was für ein Eigentor für SPÖ-Chef Andreas Babler", analysiert ein schockierter Anderson Cooper von CNN. „Er kam eigentlich gar nicht vor, schaffte es nicht, seine Positionen unterzubringen oder den Verlauf der Debatte irgendwie zu beeinflussen." Eine Vorentscheidung im Rennen um Platz 2?

„Babler konnte heute den Menschen im Rust Belt in Ohio und Pennsylvania kein Angebot machen und blieb einen Plan schuldig, wie er der Mittelklasse der Amerikaner helfen will", kritisiert auch Lester Holt von NBC News. Außerdem gelinge es dem SPÖ-Chef nicht, wichtige Personen für sich zu gewinnen. „Wo bleibt Taylor Swift? Laut unserer Recherchen hat Christl Stürmer 2009 mal auf Andi Bablers MySpace-Account ein Foto von ihm kommentiert, aber ob das für einen Wahlsieg reichen wird?"

Lügen unwidersprochen stehen gelassen

Auch Harris' Vorwurf, Trump ginge es nur um die Größe seines Publikums, konnte Babler nicht glaubwürdig entkräften. „Babler verpasste es ebenfalls, eine Lösung für das von Trump beschriebene Problem mit haustieressenden Migranten aus Mexiko zu präsentieren", beschreibt Holt weiter. „Es hätte ihm gelingen müssen, Trumps irrwitzige Verschwörungstheorien im Keim zu ersticken – doch man wartete bis zum Ende des Duells vergeblich auf ein Einschreiten Bablers."

„Andi Babler? More like Andi Bad-ler, ha ha ha", spottet TV-Komiker Jimmy Kimmel in seiner anschließenden Late Night Show. Das Publikum lacht. Babler ist offenbar ganz unten angelangt.

Wieder mal haben die Medien den Schuldigen an der Politmisere schnell gefunden – Andi Babler. Laut einer aktuellen Umfrage verlor der SPÖ-Chef nach der Debatte drei Prozentpunkte. „Ja sicher, der Babler hat als Österreicher ja keine Berechtigung, dort in Amerika zu sprechen", erklärt eine Wählerin aus Wien. „Aber da geht's ums Prinzip, also die SPÖ ist für mich gestorben."

Heimische Medien kritisch

Neben amerikanischen sparen auch heimische Medien nicht mit Kritik. „Zurück mit dir ins Terror-Traiskirchen du jämmerlicher Marxistenoaschbeidl, und weg mit deinen gierigen Kommunisten-Würschtel-Fingern von meinem Vermögen“, hält oe24-Chefredakteur Wolfgang Fellner in einer wie immer sachlichen Analyse fest.

Eva Dichand unterstellte dem SPÖ-Chef in der aktuellen *Heute*-Ausgabe Arroganz, da er „offenbar lieber seine linkslinke Praktikantin Kamala ‚Julia Herr-is‘ zur Arbeit schickt, als selbst nachts über den großen Teich zu fliegen.“

Rumoren

Auch parteiintern rumort es. In einem vertraulichen Brief, der ausschließlich an die Mitglieder des SPÖ-Präsidiums adressiert war, zweifelt Doris Bures die Ernsthaftigkeit von Bablers Auftritt an. Am Sonntag will sie den Brief in Frühstück bei mir mit Claudia Stöckl auf Ö3 vertraulich verlesen, sowie anschließend an die APA, ORF, *Krone*, *Heute*, *Standard*, *Falter*, X.com weiterleiten und ihn als Audiobook auf Audible veröffentlichen.

In der SPÖ selbst will man die TV-Niederlage nicht kommentieren. „Andi Babler bereitet sich aktuell auf die TV-Niederlagen im ORF vor“, heißt es in einer Flaschenpost aus der Löwelstraße. „Er steht für alle Fragen nach dem 29. September zur Verfügung. Da hat er dann genug Zeit.“

Gegen Klimahysterie: Wetterbericht in Kooperation mit FPÖ-TV

Foto: Die Tagespresse

Dieses Wochenende bringt ganz normales Wetter, wie es immer schon war. Stellenweise werden angenehme 300 Liter Niederschlag pro Quadratmeter erwartet. Die Meteorologen von FPÖ TV präsentieren Ihnen die neuesten Prognosen.

Das ganze Land freut sich über die Abkühlung nach der dreimonatigen Hitzewelle, die aber ebenfalls ganz normal war. Im Sommer ist es eben heiß. Am heißesten seit Beginn der Aufzeichnungen? Und was war vor den Aufzeichnungen? Eben. Nass werden in den nächsten Tagen vor allem die Taschentücher der Klimahysteriker, wenn die prophezeite Klimaapokalypse ausbleibt.

Wien 🌧️🏊

Das Wiener Becken füllt sich langsam mit Wasser. Das hat es auch früher schon gegeben, sonst würde es ja nicht Wiener Becken heißen. Forderten die Linksgrünen nicht immer lautstark eine Renaturierung? Danke, vernünftige FPÖ-Klimapolitik!

Niederösterreich 🌧 🚢

Herbert Kickl geht ganz normal im Wienerwald wandern. Keine Sorge: Dass die Donau bis zum Berggipfel ansteigt, hat es immer schon gegeben, auch vor 3000 Jahren schon, als Kickl die Erde in sieben Tagen erschaffen hat. Nicht vergessen: Legen Sie der ganzen Kellerfamilie die Schwimmwesten an und laminieren Sie sicherheitshalber ihr 1500-seitiges Manifest!

Burgenland 🌧 🍷

Große Regenmengen werden den Pegel des Neusiedler Sees mittelfristig von 22 auf 24 Zentimeter steigen lassen. Das Burgenland steht somit ab Freitag komplett unter Wasser. Grabungen und aktuelle Forschungsergebnisse belegen allerdings: Das gab's schon einmal vor wenigen Jahren, und zwar während des Erdzeitalters Mesozoikum vor 217 Millionen Jahren. Damals war das Burgenland noch Teil des Atlantischen Ozeans.

Steiermark 🌧 ⚡

Entwarnung für alle Crystal-Meth-Labore in den Kellern unserer Burschenschaften: Der derzeitige Niederschlag ist völlig normal und wird definitiv zu keinen Überschwemmungen führen! In Graz erwarten wir ein reinigendes Gewitter mit hoher Blitzkriegaktivität, das die Kommunisten aus ihren Kolchosen in die Mur spült.

Oberösterreich 🌧 👋

Stellenweise wird für den Corona-Spaziergang inklusive heiterer Hetzjagd auf Hausärztinnen ein amphibisches Auto oder idealerweise gleich ein U-Boot empfohlen – wie in den guten alten Zeiten: So schwamm einst schon Großvater zur Arbeit nach Stalingrad! Sollte gar nichts mehr gehen beziehungsweise fahren, bauen Sie sich eine Arche und nehmen Sie je zwei von jeder Automarke auf.

Kärnten 🌧 🏝

Blitzeinschläge werden mehrere Kirchtürme abbrechen und zu Boden schmeißen. Das ist eben die himmlische Strafe dafür, dass die Caritas seit Jahren so nett zu den Asylbetrügern ist und ihnen gratis iPhones schenkt. Gott sei Dank lenkt unser allmächtiger Parteiführer, dessen Wille immer geschehe, den Turm auf ein paar Radfahrasylanten drauf.

Salzburg ⛈️ 🎻
Der Platzregen über der Innenstadt spült endlich die Inzuchtpartie der Salzburger Festspiele dahin, wo sie hingehört: in die Salzach! Dadurch ist mehr Platz für die völlig inzuchtfreien Burschenschaften, die ein eigenes, elektrisierendes Kulturprogramm für den Sommer 2025 zusammenstellen werden. Freuen Sie sich auf öffentliche Mensuren, Hexenverbrennungen und das Vierteilen von unverbesserlichen Radfahrern.

Tirol ⛈️ ⛷️
Das Wichtigste zuerst: Unser höchstes Gut, die Seilbahnträger im Nationalpark, sind aus heutiger Sicht nicht durch Muren gefährdet. Also, liebe Klimahysteriker: Pappen zu und Ski heil! Der teure Wohnraum in Innsbruck ist ebenfalls Geschichte – denn hohe Mieten können nur für Häuser verrechnet werden, die noch nicht im Inn schwimmen.

Vorarlberg ⛈️ ✂️
Der Arlbergpass ist seit Kurzem wieder passierbar – oh Schreck! Mit etwas Glück reißt der Regen die eben erst reparierte Straße wieder weg. Das wolltet ihr doch immer schon, oder? Gern geschehen, schönes Leben noch im unabhängigen Freistaat Vorarlberg, eure FPÖ.

Südtirol ⛈️ 🇦🇹
Das Wetter ist in ganz Südtirol äußerst österreichisch, daher wäre es nur im Interesse aller, wenn der Wiederanschluss vollzogen wird. Grazie mille!

Bergwetter
Wer sich vor dem Besteigen eines Berges nach dem Wetter erkundigt, ist kein echter Mann. Unser Volkskanzler befindet sich seit gestern auf dem Großglockner und hat sich bis jetzt noch bei niemandem gemeldet, weil er die herrliche Bergluft so genießt.

90-Tage-Prognose
Das Wetter bleibt auch weiterhin völlig normal. Sie können sich also schon auf schöne Weihnachtsfeiertage bei 28 Grad freuen. Heiße Weihnachten – wie damals.

Euer Wille geschah: DIETAGESPRESSE siegt gegen FPÖ vor Gericht

Foto: Robert Jäger / APA / picturedesk.com (M)

Halleluja! Das Oberlandesgericht Wien hat die Berufung der FPÖ Niederösterreich abgewiesen und das Urteil des Wiener Handelsgerichts bestätigt. Für DIETAGESPRESSE bedeutet das: 5 gute Jahre! Die FPÖ kann nur noch eine außerordentliche Revision beim Obersten Gerichtshof erheben. Diese ist aber in Fällen wie diesem zumeist aussichtslos.

„Euer Wille geschehe“, plakatiert FPÖ-Gottkanzler Herbert Kickl aktuell im ganzen Land, der Klingelbeutel der Partei ist prall gefüllt mit Rubel. Und tatsächlich: Die allmächtige Justiz hat unsere Fürbitten erhört – und DIETAGESPRESSE freigesprochen. Frei von aller Schuld, frei von allen Sünden, frei von allen Anwaltskosten. Uns gebührt die Freiheit, der FPÖ gebühren Gerichtsgebühren. Amen!

Unsere Gebete wurden erhört. Seit Monaten beginnt im TAGESPRESSE-Büro, inspiriert von unserem allmächtigen Landesvater Herbert, der katholische Arbeitstag mit einem Rosenkranz, einem *Ave Maria* und einem *Vater unser*.

Die Mannerschnitten auf den Tischen haben wir längst gegen Oblaten getauscht und unseren Espresso brühen wir ausschließlich mit Weihwasser auf. Auch der Betriebsausflug ins Casino Mikulov wurde durch eine Wallfahrt nach Mariazell ersetzt. Für jede blasphemische Pointe peitschen wir uns sechs Stunden lang im Innenhof aus und starren dabei auf Kickls göttliches Antlitz, das uns vom Wahlplakat gütig entgegenlächelt.

Im Gegensatz zur FPÖ lebt die **TAGESPRESSE**-Redaktion tatsächlich nach der christlich-sozialen Lehre und plakatiert sie nicht nur im Wahlkampf, um bei nächster Gelegenheit Herbergssuchende aus dem Nahen Osten aus dem Stall zu zerren und abzuschieben.

Auch das Gericht sah dies offenbar so. Es urteilte gegen die blasphemischen Heiden der FPÖ, die gerne auf Sonnwendfeiern irgendwelche germanische Götter anbeten, und es urteilte im Sinne des Gottesstaates Österreich für DIE **TAGESPRESSE**, das katholische Sprachrohr des Herrn.

Der Glaube in diesem Land ist wiederhergestellt. Der Glaube, dass Österreich eine Nation echter Katholiken ist, die zusammenhalten, auch wenn sie nicht immer die Kirchensteuer zahlen (sorry). Ein Land, das sich nicht missbrauchen lässt von einem Herbert, der heimlich zu Hause bei Vollmond Runen auflegt und seinen satanistischen Thor anfleht, um dann im Wahlkampf den normalen Katholiken rauszuhängen.

Klare Worte

Das OLG Wien hält in seinem Urteil fest, dass Gastwirte keineswegs so debil sind, wie die FPÖ wortreich und inhaltsarm durch zwei Instanzen durch argumentiert hat. Ja, ein durchschnittlicher Wirt, der einen Betrieb leitet und Löhne zahlt, verfügt auch über die geistigen Fähigkeiten, „Gabalierlaberl“ und „Andreas-Hofer-Schnitzel“ als Satire zu erkennen.

Nun heißt es für die FPÖ: Zahltag 🤑

„Euer Geld für unsere Leut'“, steht bereits in großen Lettern plakatiert an der **TAGESPRESSE**-Bürowand. Insgesamt verschleuderte die FPÖ Niederösterreich für ihren mutigen Kampf gegen 500 satirische Fake-Briefe die unheilige Summe von 46.876,94 Euro. Das entspricht umgerechnet einem halbseitigen Marketingkonzept der Ideenschmiede oder drei Monatsgehältern des Anti-Eliten-Kämpfers Herbert Kickl, der sich sein ganzes Leben lang ausschließlich vom verhassten „System“ finanzieren lässt.

Die Summe teilt sich auf in:

- 5372,40 Euro Gerichtsgebühren
- 16.749,25 Euro zugesprochener Kostenersatz an uns (@ Udo: IBAN ist im Impressum, wenn du nicht pronto zahlst, pfänden wir deinen Gebetsteppich)
- 22.392,79 Euro für den FPÖ-Anwalt (zwei Prozesstage à zwei Stunden, drei Schriftsätze, vier Emails)
- sowie 2362,50 Euro Anwaltskosten für die Sachverhaltsdarstellung an die Staatsanwaltschaft

Die Partei wird die Burschi-Schleife also enger schnallen müssen, für die FPÖ beginnt die Fastenzeit nämlich schon im September. Fast 50.000 Euro – wie viel ist das eigentlich umgerechnet in Crystal Meth? Wenn finanziell alle Stricke reißen, laden wir Udo Landbauer zu Weihnachten auf eine mittelrohe Fleischschnitte in ein niederösterreichisches Wirtshaus ein.

Letzte Instanz

Wie geht es jetzt weiter? Der FPÖ steht noch der Gang zum Obersten Gerichtshof offen. Aber um uns auf diesem Wege doch noch ins juristische Fegefeuer zu verbannen, ist fast schon göttliche Intervention erforderlich (oder eine Razzia im OGH durch Neo-Justizminister Martin Sellner).

Sollte die FPÖ auch vor dem Obersten Gerichtshof scheitern, bleibt ihr nur noch der Gang zum Jüngsten Gericht. Für diesen Schritt wünschen wir der Nachfolgepartei der NSDAP mit regelmäßigen rechtsextremen Einzelfällen, Unterstützung des russischen Angriffskriegs und von den Steuerzahlern finanzierter Nächstenliebe in Form von Luxus-Spesen für abgehobene FPÖ-Schnösel viel Glück! Vielleicht geschieht euer Wille ja nächstes Mal.

Amen und Gott segne unsere Kanzlei Höhne, In der Maur & Partner sowie alle unsere Abonnentinnen und Abonnenten, die uns mit ihrer Unterstützung helfen, unsere Arbeit trotz aller Widrigkeiten fortzusetzen.

Die Redaktion

Renaturierung zu spät umgesetzt: ÖVP zeigt Gewessler an

Foto: Regina Aigner/BKA

Schwere Vorwürfe erhebt die ÖVP gegen Leonore Gewessler. Die grüne Umweltministerin soll dringend notwendige Maßnahmen zur Renaturierung verzögert haben, kritisiert Bundeskanzler Karl Nehammer. Damit habe sie zum aktuellen Hochwasser beigetragen. Die ÖVP bringt heute eine Anzeige bei der Staatsanwaltschaft ein.

WIEN/NIEDERÖSTERREICH – Das Kanu des Kanzlers wippt im Wasser des Wienflusses hin und her. Nehammer reibt seine roten Augen, sein Pressesprecher nimmt uns zur Seite: „Der Bundeskanzler hat im Hochwasser seinen besten Freund verloren." Nehammer starrt auf ein Foto am Handy. Darauf zu sehen: ein schwarzer Audi Q7, nur noch der Kofferraum ragt aus dem Wasser.

Grüne Blockade

Trotz Nehammers resolutem „Passt auf euch auf"-Posting auf Instagram hat das Hochwasser immensen Schaden angerichtet. „Schuld sind ganz klar die Grünen, allen voran Klimazerstörungsministerin Leonore Gewessler", kritisiert der Kanzler.

„Sie hat das Klimaschutzgesetz blockiert, das wir im Regierungsprogramm immerhin in einem Halbsatz erwähnt haben. Sie hat die Renaturierung ohne Rücksprache mit den Ländern viel zu spät umgesetzt, was im Übrigen ein Verfassungsbruch ist, aber das werden die Gerichte klären. Wir haben sie angezeigt. Ich möchte diesen Moment auch nutzen, um mich von meinem Auto zu verabschieden: Lieber Poidl, danke für alles! Das sind keine Tränen, ein Karl Nehammer weint nicht, das ist nur der Regen."

Nehammer rudert mit seinem Kanu aus dem McDrive und holt die niederösterreichische Landeshauptfrau Johanna Mikl-Leitner ab. Im Waldviertel, wo der Kamp großflächige Verwüstung angerichtet hat, verteilen die beiden Zehntausende Schnitzel – patriotische Katastrophenhilfe, die gern angenommen wird. „Hier, für Ihren Keller. Die Panier saugt viel Wasser auf", sagt der Kanzler und legt ein paar Schweineschnitzel zwischen die Sandsäcke, die ein Einfamilienhaus vor dem Wasser schützen sollen.

Hilfe erreicht Niederösterreich

Mikl-Leitner sieht die Familie bundeslandtragend an: „Wir werden euch nicht im Stich lassen, wir werden rasch reagieren und den Katastrophenfonds aufstocken, damit wir Geld haben, um die Corona-Maßnahmengegner zu entschädigen."

Der Kanzler nickt zustimmend. Er weiß, was den Menschen am Herzen liegt. „Es könnte schlimmer sein, das muss man auch in Relation setzen", muntert Nehammer die Familie auf. „Ja, das Haus muss man bald abreißen, aber immerhin müsst ihr nicht gendern. Das ist das Wichtigste!"

Für Österreich ist es bereits das dritte Jahrhunderthochwasser binnen 22 Jahren. „Wirklich sonderbar, offenbar können diese studierten Herren von der Boku nicht wirklich rechnen bei ihren sogenannten Klimahysteriestudien. Aber wir schauen nicht nach hinten, sondern nach vorne. Ab heute sind wir eben kein Autoland mehr, sondern ein Bootsland", so Nehammer, der statt der Pendlerpauschale eine Matrosenbeihilfe ankündigt.

Kämpferischer Klima-George-Clooney

Der Kanzler, vom Boulevard mittlerweile „Klima-Clooney" getauft, verabschiedet sich mit tröstenden Worten von den Menschen im Kamptal. „Ich bin zuversichtlich, dass wir bald unsere Regierung renaturieren können, zurück in den gottgewollten Ursprung Schwarz-Blau."

Nehammer zeigt sich entschlossen: „Wir sind die letzte Generation, die den Planeten noch retten und die fossile Zerstörung stoppen kann. Da ist mir bei allen, inhaltlich nicht vorhandenen Differenzen sogar die FPÖ lieber. Herbert, meine Hand ist ausgestreckt. Ruf mich an, Herbie! Wie geht's? Gemma Wandern?" Nehammer entschuldigt sich: Er muss zurück nach Wien, um sich vor die Tür von Gewesslers Büro zu kleben.

POLITIK 16. September 2024

„Gibt kein Hochwasser": Kickl geht joggen

Foto: Georg Hochmuth / APA / picturedesk.com (M)

Schon seit Tagen schreiben linkshysterische Zeitungen eine angebliche „Flutkatastrophe" herbei. Doch FPÖ-Chef Herbert Kickl durchschaut das falsche Spiel der gleichgeschalteten Systemmedien und lässt sich nicht einschüchtern. Er geht daher heute wie jeden Morgen eine kleine Runde im Wiental laufen.

PURKERSDORF – „Puh, 9 Grad! Na ja, ich hab ja zum Glück ein Immunsystem, das noch nicht von der Genspritze zerfressen worden ist“, lacht Kickl, schlüpft in die Laufschuhe und zieht sich wie immer seine Schienbeinschoner an, um sich vor Impfungen aus Kanaldeckeln zu schützen. „Und sollte ich mich doch verkühlen, hab ich noch eine Familienpackung Pferdeentwurmer daheim.“

Ganz normaler Tag

Der FPÖ-Chef joggt das Wiental hinunter. Ein Auto schwimmt ihm entgegen, aus dem offenen Fenster läuft das Öl-Journal und warnt vor Extremwetter und Überschwemmungen. „Und was hat Soros für die Klimapanikmache dem Rotfunk wieder überwiesen? Na ja, im Oktober wird der eh eingestampft“, schnauzt Kickl. „FPÖ-TV prognostiziert für heute perfektes Wetter zum Querlaufen.“

Der Pegelstand hat bereits 1 Meter 10 erreicht. Nur noch die Stirn des Landesvaters von Österreich schaut aus dem Wasser. „Das hat's früher auch gegeben. Man muss nur die Bibel lesen: 3000 Jahre vor Christi ist genau dasselbe passiert. Und damals hat man nicht lauthals nach einem Verbrennerverbot geschrien, sondern angepackt und eine Arche gebaut“, so Kickl, während er wieder hochspringt, um nach Luft zu schnappen.

Volkswerkzeug Gottes

Inzwischen schwimmen Kickl Sofagarnituren, herausgerissene Bäume und sogar Lastwagen entgegen. Mit dem Regen habe das aber nichts zu tun, so der Politiker. „Man merkt, dass ich der Wiener Stadtgrenze näher komme, wahrscheinlich randalieren dort die queeren Radfahrer wieder“, seufzt er und begutachtet die näher kommende Katastrophe.

Eine Familie schaut aus dem Fenster, der Mann erkennt Kickl wieder. „Hey, bist du nicht der, der sagt, du bist unser Werkzeug? Wir brauchen eh eine Schaufel, kannst du mit anpacken im Keller? Da ist überall brauner Schlamm, das wär eh ihr Fachgebiet“, schreit der Vater.

Kickl grinst verlegen hinüber und tut so, als hätte er nix gehört. Konstruktive Arbeit für das Volk ist dem Berufspolitiker mit Spitzengehalt fremd. „Wie kann jemand, der so viel Dreck am Stecken hat, Angst vor Dreck haben?“, seufzt die völlig durchnässte Mutter.

„Wünsche 5 gute Jahre, euer Wille geschehe", ruft Kickl und krault schnell weiter.

Happy End

Doch dann geht alles ganz schnell, das Wasser steigt rasant an, Kickl kann sich gerade noch auf das Dach eines vorbeischwimmenden Spielzeugautos retten. Kurz darauf wird er von einem Black Hawk gerettet. Kickl lächelt erleichtert: „Ich bin nicht einmal wirklich nass geworden. Ein weiterer Beweis dafür, wie die manipulierenden Mainstreammedien lügen, nur weil ihnen selbst das Wasser bis zum Hals steht. Moment, den Spruch muss ich kurz notieren."

Der Black Hawk fliegt ohrenbetäubend laut durch das Wiental, Regen peitscht gegen das Cockpit und Kickl tut wieder einmal das, was er am besten kann: sich auf Kosten der Allgemeinheit über Wasser halten.

POLITIK 30. September 2024

Für Koalition mit ÖVP: Kickl ändert Namen auf Kackl

Foto: Gert Eggenberger / APA / picturedesk.com

Keine Koalition mit Kickl – dieses Versprechen hat die ÖVP vor der Wahl wiederholt abgegeben. Nun macht der Wahlsieger Herbert Kickl einen Schritt auf die Volkspartei zu und ändert seinen gesetzlichen Namen auf „Hubert Kackl".

WIEN – Eine Unterschrift später ist es endlich so weit: FPÖ-Chef Hubert Kackl tritt um kurz nach 9 Uhr früh aus dem Magistrat in der Wiener Innenstadt. Noch-Kanzler Karl Nehammer wartet mit laufendem Motor in seinem blauen Porsche 911 vor dem Gebäude und hupt aufgeregt. „Komm, steig ein, die Sonne ist grad wieder aufgegangen! Der Jörg schaut oba auf uns", lächelt er.

Integre Person

Nehammer, der als künftiger Vizekanzler und Sportminister gehandelt wird, ist ganz angetan von seinem Beifahrer: „Herr Kackl ist eine äußerst integre Persönlichkeit. Er hat sich bisher nichts zuschulden kommen lassen. Man findet keinen einzigen Skandal. Ich hab das persönlich überprüft. Er ist in der FPÖ ein Einzelfall. Ja, sicher, es gibt dort wenige vernünftige Leute sonst, aber für Herrn Kackl lege ich die Hand ins Feuer."

Kurz vor Einigung

ÖVP-Generalsekretär Christian Stocker läuft das Wasser im Mund zusammen, während er das Koalitionspapier aufsetzt. Er liest vor: „... einigen sich ÖVP und FPÖ darauf, dass Herr Kackl Volkskanzler, Volksinnenminister, Selbstjustizminister, Familienvaterminister und Gottesstaatssekretär wird. Sein Wille geschehe! Klingt doch gut, oder? Hauptsache, wir kriegen den Kanzler." Zufrieden schließt er die Mappe.

„Das zentrale Wahlversprechen hält", besänftigt Stocker mögliche Kritiker. „Die ÖVP wird nicht mit Herbert Kickl koalieren, Hubert Kackl ist ein unverbrauchter Quereinsteiger. Ja, er hat eine Lücke im Lebenslauf von etwa 40 Jahren, aber bei uns in der ÖVP hat auch seit 36 Jahren in der Regierung niemand fürs Volk gearbeitet."

Vielversprechende Ministerkandidaten

Im Rennen um Ministerposten kursieren intern bereits prominente Namen. Der FPÖ-Methkoch aus Graz ist für das Wirtschaftsressort im Gespräch, der steirische FPÖ-Kinderporno-Gemeinderat soll Jugendstaatssekretär werden, die Bereiche Gesundheit und Klima gehen an den deutschen Mikrobiologen Dr. Sucharit Bhakdi, der einen sofortigen Lockdown für Geimpfte plant. Dagmar Belakowitsch wird Staatssekretärin für Corona-Aufarbeitung, Konversionstherapie, Voodoo-Rituale und Menschenopfer.

Die wohl spektakulärste Personalentscheidung betrifft Wladimir Putin. Russlands Präsident wurde mit dem Ressort Außenpolitik betraut, Karin Kneissl wird seine Staatssekretärin für Hybride Kriegsführung, Heiratspolitik und Pony-Evakuierungen. Als Medienminister darf sich die junge Nachwuchshoffnung Martin Sellner beweisen; er war bisher außerparlamentarischer Jugendbeauftragter der Freiheitlichen.

„Ja, da müssen wir dem Koalitionspartner entgegenkommen", erklärt Nehammer. „Dafür kriegen wir das Infrastrukturministerium, und es kommen zwei neue Autobahnen. Und als Sportminister hat man auch einen deutlich größeren Handlungsspielraum, als ich gedacht habe. Ich freue mich voller Demut auf diese neue Rolle. Die tägliche Wehrsportstunde an den Schulen finde ich eine großartige Idee meines Koalitionspartners."

SPÖ schweigt

Eine Koalition von ÖVP und SPÖ rückt damit wohl in weite Ferne. Von der SPÖ lag heute Vormittag noch keine Stellungnahme vor. Dem Vernehmen nach versucht Parteichef Babler seit Stunden, telefonischen Kontakt zu ORF-Journalist Martin Thür aufzunehmen, um den Letztstand der Suche nach einem Excelfehler zu erfragen. Spätestens heute um 18 Uhr will er dann vor die Medien treten und den Erdrutschsieg mit 29 Prozent der Stimmen für die SPÖ demütig annehmen.

Nach FPÖ-Wahlsieg: Mann in Dorf ohne einen einzigen Ausländer fühlt sich endlich sicher

Foto: Foto: depositphotos.com (M)

Die Wahlergebnisse zeigen: Die FPÖ punktet vor allem am Land, just in Orten, wo wenige, oft auch gar keine Ausländer leben. Dort herrscht seit Sonntag Aufatmen: Endlich fühlt sich die ansässige Bevölkerung wieder sicher. Ein Lokalaugenschein.

ST. BRUNZSTETTEN AM WALDHÄUSL – „Das ist unser ganzer Stolz“, sagt Bürgermeister Hubert Gruber und führt uns auf den Hauptplatz von St. Brunzstetten am Waldhäusl, einer kleinen Gemeinde in Niederösterreich, die zwischen den Dörfern Hühnertodesgeschrei und Beidlhausen am Inzuchtberg liegt. Er zeigt auf eine Tafel, auf der steht: „Ausländerfrei seit 2009!“

„Wir ham mal 2009 einen Ausländer dagehabt, er hat sich bei der Autobahnausfahrt verfahren, das war unser 9/11 sozusagen“, erinnert sich Gruber an die dunkle Vergangenheit und legt einen Blumenkranz an der Stelle nieder, wo der Ausländer einst eine betagte Pensionistin brutal von hinten nach dem Weg gefragt hat. Bis heute ist der Ausländer das Thema Nummer eins im Dorf, dicht gefolgt von dem Gerücht, dass der Sohn vom Scherer-Bauern angeblich pervers ist, weil er sich vegetarisch ernährt.

Sodom und Gomorrha

Hier in St. Brunzstetten am Waldhäusl erhielt die FPÖ die absolute Mehrheit, so wie in vielen Dörfern ohne Zuwanderer. 34 Kilometer entfernt liegt die Weltstadt Wiener Neustadt. „Hoffnungslos verloren, zum Vergessen, Sodom und Gomorrha. Do gibt's seit Kurzem sogar an Kebabstand. Das is ja scho Istanbul dort, oder Bagdad, oder noch schlimmer: Wien", schüttelt Gruber den Kopf und bekreuzigt sich.

Selbst ist er noch keinem Ausländer begegnet. „Ich war bei dem Vorfall im Jahr 2009 zum Glück wildern. Sowas kann einem natürlich immer passieren, aber ich möchte den Teufel nicht an die Wand malen, sondern freue mich über jeden Tag, den ich ohne Ausländer verbringen darf. Vielleicht fahr ich ja irgendwann einmal ins Ausland, und dann ist dort einer. So schnell kann's gehen."

Andere Parteien irrelevant

Noch seltener als Ausländer sind in St. Brunzstetten nur SPÖ-Wähler. Deren weltfremde Forderungen kämen hier nicht an. „Kinderbetreuung ist im Dorf ned so wichtig, weil alle Jungfamilien schon vor Jahren in die Stadt weggezogen sind. Und diesen Woke-Gaga, dass die Kinder aus 187 Geschlechtern wählen können, ob's jetzt a Manderl sind oder a Weiberl oder a Giraffe, und dann gibt's glei a Hormontherapie mit dem Flascherl ... Das brauch ma a ned! Bei uns im Ort gibt's a nur a Geschlecht: alte Männer", so der Bürgermeister.

Auch die Grünen kommen im Ort nicht gut an. Das einzige Grünen-Plakat wurde aber zur Freude der Bewohner beim letzten Hochwasser weggespült, bevor es am Hauptplatz verbrannt werden konnte.

Auch Corona hat man hier nicht vergessen. „Wenn es hier noch ein Wirtshaus gegeben hätte, dann hätte ich dort nicht hingehen können. Leider hat mich die Pandemie meine Frau gekostet, die Gerti hat sich nach der Impfung von mir getrennt. Das ist alles gesteuert von ... eh scho wissen", so Bürgermeister Gruber, während er an seinem Bier nippt. „Ostküste."

Von einer FPÖ-Regierung erhofft er sich eine Erhaltung des Lebensstandards in St. Brunzstetten. „Weil nur die FPÖ die Interessen der Landbevölkerung vertritt: EU-Austritt für weniger Agrarförderungen, Ausländer raus für weniger billige Erntehelfer, und Steuern runter für Großkonzerne." Zufrieden öffnet er ein Bier, erstmals seit Jahren spürt Gruber wieder Optimismus.

POLITIK 4. Oktober 2024

30 Milliarden fehlen: Polizei sucht nach flüchtigem Trickbetrüger „Magnus Brunner"

Foto: Die Tagespresse

Eine schockierende Entdeckung machten heute die Wirtschaftsinstitute Wifo und IHS: Im Tresor der Republik Österreich fehlen 30 Milliarden Euro. Im Verdacht steht ein mutmaßlicher Trickbetrüger, der zuletzt unter dem Pseudonym „Magnus Brunner" als Finanzminister operierte. Der windige Hochstapler wird derzeit in Brüssel vermutet. Das Bundeskriminalamt ermittelt.

WIEN/BRÜSSEL – Es sind die letzten Aufnahmen des Mannes, der sich in Österreich „Magnus Brunner" nannte: Er zieht seinen Trolley durch den Flughafen-Wien, trinkt am Gate F61 einen Smoothie und bordet den Austrian-Airlines-Flug OS 351 nach Brüssel. Seitdem fehlt von „Brunner" jede Spur.

Die Vorwürfe gegen das „Phantom aus Vorarlberg" wiegen schwer: 30 Milliarden Euro, entwendet aus den Tresoren der Republik, ohne Spuren zu hinterlassen – ein Jahrhundertraub. Es ist die nächste schwere Straftat in Österreich durch einen Ausländer.

Clan im Hintergrund

Der Hauptverdächtige gilt als Teil des familiär strukturierten Unterweltclans „ÖVP", der in Fachkreisen „Alpe'Ndrangheta" genannt wird. Das Motto lautet: Wer redet, der geht. Thomas Schmid, ein ehemaliges Mitglied, das mit den Behörden kooperiert hat, gilt als vermisst. Eine Warnung, die sich an alle aktiven Mitglieder des Clans richtet.

Laut Forensikern finanzierten sich die Täter damit ihren aufwendigen Lebensstil: „Sie überhäuften ihre Wählerinnen und Wähler mit großzügigen Klimaboni, Corona-Förderungen, Diesel-Privilegien und Pendlerpauschalen. Sie verhinderten eine Erbschaftssteuer und ließen die Inflation tatenlos durchrauschen, um Vermieter zufriedenzustellen. Im Gegenzug erhielten sie politische Unterstützung", erklärt Ermittler Thomas Kolditz vom BKA.

Perfekte Tarnung

Kolditz schüttelt den Kopf: „Der Flüchtige hat sich als gewöhnlicher Österreicher getarnt. Ottonormalverbrauchername ‚Brunner', dreimal im Monat den Schein verloren wegen Raserei, ganz normal halt. Wir sind alle auf ihn reingefallen."

Der Verdächtige wurde laut Behörden gestern Nacht beim Verlassen des Finanzministeriums beobachtet. Er entzog sich einer Anhaltung und flüchtete auf einem E-Scooter, der verdächtig nahe am Hinterausgang des Gebäudes geparkt war. Kurz vor Schwechat kam es auf der B9 abermals zu einer Begegnung mit einer Polizeistreife, als diese beim Flüchtigen eine überhöhte Geschwindigkeit von 155 Stundenkilometer feststellte. Nach einer kurzen Verfolgungsjagd schaffte er es, die Streife abzuschütteln.

Zweiter Raub

Es ist nicht das erste Mal, dass das Budget gestohlen wurde. Ein Polizist erinnert sich: „Vor ein paar Jahren haben mal ein paar Nuller gefehlt, wir haben sie dann in einem Kinderwagen wiedergefunden, der im Wiener Stadtpark abgestellt wurde. Der Täter ist leider auf seinem Balance-Bord davon gewippt und entkommen."

Serientäter

In Brüssel soll „Brunner" bereits ein neues Opfer gefunden haben: Als EU-Migrationskommissar verteilt er laut Augenzeugen die Gelder von EU-Mitgliedern an die Herrscher autoritärer, instabiler Staaten wie die Türkei, Libyen, Ägypten oder den Libanon.

Und welchen Coup plant „Brunner" als Nächstes, wenn die Kassen der EU geleert sind? BKA-Ermittler Kolditz lacht verbittert auf und zieht an seiner Zigarette. Möglicherweise befindet er sich längst nicht mehr in Brüssel. Destination: unbekannt, vielleicht Dubai oder Manila. Wir vermuten, dass er sich aktuell in Moskau in der Villa von Marsalek versteckt." Kolditz dämpft seine Zigarette aus. „Freu dich nicht zu früh, Maksim Brunnerov."

Inhalt